# 高效教学技能的理论与应用方法

编著：欧阳芬　艾安丽　赵　凌
编委：欧阳芬　艾安丽　赵　凌
韩再超　张　冰　杨朝青
吴雨晗　徐斌辉　邓丽华

天津出版传媒集团
天津教育出版社
TIANJIN EDUCATION PRESS

图书在版编目(CIP)数据

高效教学技能的理论与应用方法 / 欧阳芬，艾安丽，赵凌编著. ——天津：天津教育出版社，2014. 6（2018年1月重印）

ISBN 978-7-5309-7650-0

Ⅰ. ①高… Ⅱ. ①欧…②艾… ③赵… Ⅲ. ①课堂教学—教学法 Ⅳ. ① G424.21

中国版本图书馆 CIP 数据核字(2014)第136715号

**高效教学技能的理论与应用方法**
GAOXIAO JIAOXUE JINENG DE LILUN YU YINGYONG FANGFA

出版人 刘志刚

作　者 欧阳芬　艾安丽　赵　凌
责任编辑 强　华
装帧设计 北京桃李不言图书有限公司

出版发行 天津出版传媒集团
天津教育出版社
天津市和平区西康路35号　邮政编码300051
http：//www.tjeph.com　电话(022) 23378389

经　销 全国新华书店
印　刷 北京永顺兴望印刷厂
版　次 2014年7月第1版
印　次 2018年1月第3次印刷
规　格 16开(710毫米 × 1000毫米)
字　数 214千字
印　张 14
定　价 29.00元

# 前　言

教师是人类文明的传承者。推动教育事业又好又快发展，培养高素质人才，教师是关键。没有高水平的教师队伍，就没有高质量的教育。可以说，促进教师专业化成长，提升教师的教学能力是当前深化课程改革的关键和根本要求。据调查分析，教师的观念跟不上，教学方式陈旧，对新课程理念的理解和领会不到位以及缺乏必要的经验和相应的能力，是影响新课程改革的大问题。教师整体素质的高低，决定着新课程改革的落实程度。

新课程的课堂教学讲究“平等互动”的师生关系，倡导“自主、合作、探究”的学习方式，追求“知识、技能、情感态度和价值观”三维课程目标。聚焦课堂，还学于生，在把学习的权利交给学生的基础上，教师如何做到教学重心下移，在自身角色上逐渐实现哪些变化，如何改变习以为常的教学方式和教学观念，应具备怎样的技能和素质，才能把新课教得有声有色，使我们的课堂教学更有效，既能符合新课程的要求，又能促进学生的全面发展，让学生满意？教师面对这些问题的挑战时，都应认真思考。

教师课堂教学技能是指教师在课堂教学中，依据教学理论，运用专业知识和教学经验，使学生掌握学科基础知识、基本技能并受到思想教育等所采用的一系列教学行为方式。这一方面本应是教师的强项，可实际上，在新课程改革中，这本应是强项的东西却被中小学教师认为是自己最薄弱的环节之一，教师们常会有“本领恐慌”的感觉。因此，促进教师的专业化发展，提高教师群体的素质，更好地落实新课程改革，一定要突出教师课堂教学能力和技能的培养与训练，让每位教师都能认真练好课堂教学基本功，不断提高课堂教学的有效性。

为了配合国家教育部提出的以“师德、新课程、新知识、新技术、新技能”为核心内容的新一轮教师培训计划，提高中小学教师的专业技能，为广大中小学教师进行专业技能训练提供认知基础和方法基础，使中小学教师能从容面对新时代的挑战，肩负起推动新课程改革与发展的重任，我们特邀请了一批教师专业化发展的研究者和富有实践经验的中小学优秀教师，就新课程改革下教师必备的课堂教学技能应用的课题进行研究，对新课程下教师的课堂教学技能进行了理论和实践层面的梳理和探讨，编写了这本《高效教学技能的理论与应用方法》，讲述了课堂教学的十二个基本技能，包括教学设计技能、导入与结课技能、课堂提问技能、课堂讲授技能、课堂言语技能、课堂调控技能、现代技术运用技能、学法指导技能、课堂拓展技能、课堂教学评价技能、说课技能与微课技能。

基于高等师范院校教师教育课程改革背景，结合我国基础教育改革与发展的要求，从教师职业技能训练的角度，并考虑到中小学教师实际操作及阅读习惯，本书在写作视角、研究方法等方面，不以理论精深为追求，而是立足课堂教学实际，注重案例与分析相结合，将课堂教学技能理论讲授与实战应用相结合，突出新理念、突出实践性，既体现了教学技能的变化与发展，又具有很强的可操作性。具体表现为四个特性。一是前瞻性。当前，随着教育界持续地反思和探究，出现了许多新的教育思想和教育理念。本书力求反映教育研究的最新和最成熟的成果来指导教师适应教育改革的新形势，培养新技能。二是针对性。当前，师范教育所培养的学生在走向教学岗位后出现的特点是：知识丰富、观念新颖、技能薄弱，技不如人则教学效果不尽人意。本书即是针对师范生普遍存在的这种情况，精选了十二项教学技能，以期有目的、有计划地训练高等师范院校学生的课堂教学技能，引导学生将教育理论知识和学科专业知识有效地转化为具体的课堂教学能力，帮助学生毕业后更快、更好地胜任教学工作。三是普适性。由于所选的教学技能是具有共性的、最常用的、最基本的技能，因此，本书的拟受众可以跨越层级(大学教师、中学教师和小学教师)、跨越学科，对职前的师范生和职后的在职教师均具有指导作用。四是实用性。本书系面向应用的指导书，突出实战演练和实训效果。紧扣教学实际，以有用、有效为导向，实用性强，为广大中小学教师的专业发展提供一种应用性的教学资源。

# 目录

# 第一章　教学设计技能

## 一、真实案例导入

### 效果最优化是教学设计的终极目的

人教版小学语文三年级下册《一个小村庄的故事》教学设计与评析[1]

教学目标：

1. 自读自认9个生字，会写13个生字。正确读写“森林、郁郁葱葱、湛蓝、甜润、盖房、裸露、扩大、一栋栋、各式各样、应有尽有、锋利、喘气儿、黎明”等词语，摘抄含义深刻的句子。

2. 有感情地朗读课文，引导学生归纳课文的主要内容。

3. 领会爱护树木、保护环境、维护生态平衡的道理，增强环保意识。

4. 引导学生联系上下文和生活实际，理解含义深刻的句子，并体会其表达方法。

［**点评：新课标要求对教学目标从三个维度进行设计，即从“知识与技能”、“过程与方法”、“情感态度与价值观”三个维度进行设计。在此例中可以看到，设计者在目标中运用“自读自认”、“自悟”、“自主”等字眼，充分表现了他对新课标的深刻理解和深入贯彻，同时也充分体现了以学生为主体的教学思路。**］

教学重点：通过合作探究，理解含义深刻的句子，了解小村庄变迁的过程和原因。

教学难点：联系生活实际，理解本文所蕴含的深刻道理。

教学过程：

---

1　本设计来源：《抚顺教育》www.FUSHUNEDU.CN 作者：抚顺市实验小学，崔冰功

**一、汇报预习，导入课题**

1. 课前，就本单元布置的“综合性学习”中所涉及的环保内容，学生已经上网或从书中找到许多资料。组织学生说一说有关树木作用方面的资料。汇报时，让学生注意倾听。

2. 在学生说出树木能净化空气、美化环境、保持水土、让人放松心情、阻挡风沙等有效作用后，引导学生走入一个小村庄，看看这个小村庄因为树木有了怎样的变化，并板书课题——一个小村庄的故事。

[点评：“汇报预习，导入课题”环节的设计，既注重调动学生围绕主题查找资料的积极性，又不忘设计学生“说”即表达和倾听的训练，这符合语文能力训练的要求。课前预习与综合性学习合二为一，既立足于本课学习，又使整个单元具有连贯性，从而便于学生知识的融会贯通。由树木的环保功能引入一个小村庄的故事，水到渠成。]

**二、课前积累，自主认读**

1. 自读课文。组织学生说说看过课题后，自己有什么样的疑问。学生提出自己的想法后，请学生自读课文，理解生字、新词。

2. 同桌互检互学。

3. 汇报交流。

4. 观察书写。

[点评：“自读课文”的设计是教学目标的具体体现，充分调动了学生自主学习的积极性。“同桌互检互学”和“汇报交流”是在“自读课文”基础上的提高，也是教学重点“合作探究”的落实。“观察书写”环节的设计既体现了教师的主导性，又体现了学生的主体性。教师用不同色彩的字进行标注，提示学生注意，这体现出教师的主导作用。让学生仔细观察而非教师生硬的讲解，又体现出学生学习的主动性。]

**三、自悟课文，合作探究**

1. 初悟课文，浅谈所感

组织个别学生读课文，其他同学边听边找出同学读音不准的地方，及时纠正，并画出令自己印象深刻的句子。读课文后，让学生自由谈谈自己读懂了什么。教师就学生发言情况，归纳出“你说出了课文的主要内容”、“你有自己独特的感悟”、“你谈出了自己的想法”等评语，让学生明白主要内容怎样归纳，什么是文章表达的主题思想，什么是读后感。

2. 小组学习，提出问题

组织学生们以学习小组为单位合作学习，并提出小组合作建议，用课件打在屏幕上。围绕课文内容，共同商量，给大家提一个最感兴趣、最关心的问题，并把问题写下来。教师参与到学习小组中，指导学生根据书中小泡泡或课后练习题来提问，并将学生提出的问题记录到本上进行分类、整理，提取有价值的问题，并排好先后顺序。小组同学出现的不同意见，可经过小组所有成员讨论、研究，最后列出一个问题，其他问题在小组内找到答案，解决疑问。

3. 答疑解难，共同感悟

从学生提出的问题中筛选找出能感悟中心的或能解决本文重点、难点的问题，如“小村庄发生了什么变化，为什么会发生这么大的变化”，体会句子“什么都没有了——所有靠斧头得到的一切，包括那些锋利的斧头”的深刻含义，用课件打出来，让学生反复朗读理解、感悟。一个问题可由几个学生补充回答，感悟到位后引导学生感情朗读，升华情感。

[**点评：在字词学习的基础上，设计了“自悟课文，合作探究”的环节。设计者先让学生个人主动“初悟”课文，并“浅谈”感悟“怀疑”；在个人有“悟”后，第二步小组的学习的质疑，可以说是集中个人的思想，让智慧的火花开始碰撞。“答疑解难”环节，完全让学生放开手脚，从分类到整理，从整理到提取，从提取到排序，从排序到讨论和研究，直到问题的最后解决，无一不体现出学生的自主学习的特点。设计者让教师在把握住重点线索的基础上，让学生的思想有范围地驰骋。教师作为学生学习的合作者参与其中，师生在课堂上关系融洽，教师的信任激发了学生的质疑、求知的信心。**]

**四、抒发情感，课外拓展**

“什么都没有了——所有靠斧头得到的一切，包括那些锋利的斧头。”人们靠着手头锋利的斧头，将树木一棵棵砍下来，建造房子、制造工具、打造家具，过上了不错的“日子”。但是，由于过度砍伐树木，致使土地裸露，极大地削弱了森林的防洪能力。终于，在一场连续的大雨之后，咆哮的洪水将小村庄卷走了。

学生们懂得了这个故事讲述的不仅仅是“一个小村庄的故事”，它揭示了生活在小村庄里的人们的错误行为以及这个错误行为引发的严重后果——不爱护大自然，必将受到大自然的惩罚。让学生回读课文后，畅谈自己的读后感。

教师对于学生的感悟，只要不偏离中心，都应给予肯定。在学生积极的交流后，引导他们对小村庄的人们说点什么。把要说的写下来，使学生亲身体验到环保的重要性以及自己肩负的责任，并能在现实生活中身体力行。

## 二、教学设计技能理论指导

### （一）教学设计技能概述

1. 教学设计的内涵

所谓教学设计，广义的是指从教科书的编写到课程的安排等一系列教学活动，狭义的是指怎么安排设计课堂教学。

教学设计亦称教学系统设计，是面向教学系统，解决教学问题的一种特殊的设计活动。它既具有设计的一般性质，又必须遵循教学的基本规律。教学设计主要是以促进学习者的学习为根本目的，运用系统方法，将学习理论与教学理论的原理转换成对教学目标、教学内容、教学方法和教学策略、教学评价等环节进行具体计划，创设有效的教学系统的“过程”或“程序”。教学系统设计是以解决教学问题、优化学习为目的的特殊的设计活动，既具有设计学科的一般性质，又必须遵循教学的基本规律。教学设计是根据教学对象和教学目标，确定合适的教学起点与终点，将教学诸要素有序、优化地安排，形成教学方案的过程。它是一门运用系统方法科学解决教学问题的学问，它以教学效果最优化为目的、以解决教学问题为宗旨。

2. 教学设计的特点

教学系统设计综合多种学术理论而自成体系，是一项以实现优化学习为目的的特殊的设计活动。

(1) 教学系统设计的系统性

教学系统设计首先是把教育、教学本身作为整体系统来考察，并运用系统方法来设计、开发、运行和管理，即把教学系统作为一个整体来进行设计、实施和评价，使之成为具有最优功能的系统。因此，将系统方法作为教学系统设计的核心方法是教学系统设计发展过程中研究者与实践者所取得的共识。无论是宏观教学系统设计，还是微观教学系统设计，都强调系统方法的运用。

教学系统设计过程的系统性决定了教学设计要从教学系统的整体功能出发，综合考虑教师、学生、教材、媒体等各个要素在教学中的地位和作用以及相互之间的联系，利用系统分析技术(学习需要分析、学习内容分析、学习者分析)形成制定、选择策略的基础。通过解决问题的策略优化技术(教学策略的制定、教学媒体的选择)以及评价调控技术(试验、形成性评价、修改和总结性评价)，使解决与人有关的复杂教学问题的最优方案逐步形成，并在实施中取得最好的效果。

(2)教学系统设计的理论性与创造性

教学系统设计作为设计科学的子范畴，具有一般设计活动的基本特征。同时，由于教学情境的复杂性和教学对象丰富的个体差异性，教学系统设计又具有自己的独特性。

首先，设计活动是一种理论的应用活动，这就决定了教学系统设计必须在一定理论的指导下进行，是对学习理论、教学理论的综合运用。其次，高度抽象的理论和具有丰富情境、不断发展变化的实践之间又存在一定的距离，其间的矛盾是存在的，理论不可能预见所有的问题，现实生活中的问题有时候会需要创新性地运用理论，甚至对理论进行改造、扩充、重构，以适应原有理论未能预见的新情况、新问题。因此，教学系统设计是理论性和创造性的结合。在实践中，我们既要依据教学系统设计理论来进行教学设计，又不能把理论看作教条，而应该在实践中发展理论，创造性地运用、发展教学设计理论。

(3)教学系统设计过程的计划性与灵活性

教学系统设计过程具有一定的模式，这些模式往往用流程图的线性程序来表现，需要按照既定的环节流程来进行教学设计。然而，按照系统论的观点，这些要素之间的关系是非线性的，是相互影响、相互补充的。例如，教师根据教学目标和学习者的特征来选择适当的教学策略和结果评价方法。同样，教学策略的实施效果评价反过来又促使教师调整教学目标和策略。因此，在实践中要综合考虑各个环节，有时甚至要根据需要调整分析与设计的环节，要在参考模式的基础上创造性地运用模式。

⑷教学系统设计的具体性

教学系统设计是针对解决教学中的具体问题而发展起来的理论与方法，是要解决实际教学中所存在的现实问题，以形成一个优化学习的教学系统。因此，教学系统设计过程是具体的，每一个环节中的工作也是十分具体的。由此可见，教学系统设计项目的成功与否有赖于各方面人员的协同工作，如教学设计人员、学科专家(包括教师)、媒体设计人员等。

**(二)教学设计的原则**

1. 系统性原则

教学设计是一项系统工程，它由教学目标和教学对象的分析、教学内容和方法的选择以及教学评估等子系统所组成，各子系统既相对独立，又相互依存、相互制约，组成一个有机的整体。在诸子系统中，各子系统的功能并不等价。其中，教学目标起着指导其他子系统的作用。同时，教学设计应立足于整体，每个子系统应协调于整个教学系统中，做到整体与部分的辩证统一、系统分析与系统综合的有机结合，最终达到教学系统的整体优化。

2. 程序性原则

教学设计是一项系统工程，诸子系统的排列组合具有程序性特点，即诸子系统有序地进行等级结构排列，且前一子系统制约、影响着后一子系统，而后一子系统依存并制约着前一子系统。根据教学设计的程序性特点，教学设计中应体现出其程序的规定性及联系性，确保教学设计的科学性。

3. 可行性原则

教学设计要成为现实，必须具备两个可行性条件。一是符合主客观条件。主观条件应考虑学生的年龄特点、已有知识基础和师资水平，客观条件应考虑教学设备、地区差异等因素。二是具有操作性。教学设计应能指导具体的实践。

4. 反馈性原则

教学成效考评只能以教学过程前后的变化及对学生作业的科学测量为依据。测评教学效果的目的是为了获取反馈信息，以修正、完善原有的教学设计。

### (三)教学设计的三种模板

第一种：表格式[2]。将教学设计中的所有要素通过表格的方式呈现出来，一目了然。

<table>
<tr><td>案例名称</td><td colspan="3"></td><td>科目</td><td></td></tr>
<tr><td>教学对象</td><td></td><td>课时</td><td></td><td>提供者</td><td></td></tr>
<tr><td colspan="6">一、教材内容分析</td></tr>
<tr><td colspan="6"></td></tr>
<tr><td colspan="6">二、教学目标(知识与技能、过程与方法、情感态度与价值观)</td></tr>
<tr><td colspan="6"></td></tr>
<tr><td colspan="6">三、学习者特征分析</td></tr>
<tr><td colspan="6"></td></tr>
<tr><td colspan="6">四、教学策略选择与设计</td></tr>
<tr><td colspan="6"></td></tr>
<tr><td colspan="6">五、教学环境及资源准备</td></tr>
<tr><td colspan="6"></td></tr>
</table>

2　表格修改自：莲山课件 www.5Y.

<table>
<tr><td>案例名称</td><td colspan="3"></td><td>科目</td><td></td></tr>
<tr><td>教学对象</td><td></td><td>课时</td><td></td><td>提供者</td><td></td></tr>
<tr><td colspan="6">六、教学过程</td></tr>
<tr><td colspan="2">教学过程</td><td>教师活动</td><td>学生活动</td><td colspan="2">设计意图及资源准备</td></tr>
<tr><td colspan="2">(一)</td><td></td><td></td><td colspan="2"></td></tr>
<tr><td colspan="2">(二)</td><td></td><td></td><td colspan="2"></td></tr>
<tr><td colspan="2">(三)</td><td></td><td></td><td colspan="2"></td></tr>
<tr><td colspan="2">(四)</td><td></td><td></td><td colspan="2"></td></tr>
<tr><td colspan="2">(五)</td><td></td><td></td><td colspan="2"></td></tr>
<tr><td colspan="2">(六)</td><td></td><td></td><td colspan="2"></td></tr>
<tr><td colspan="6">教学流程图<br>开始<br>课件：诗意导入<br>网络：学生查找信息，明确目的<br>课件：学生借鉴实例，教师指导要点<br>课件：学生模拟练笔，创作诗歌<br>网络：师生欣赏习作<br>课件：课堂小结，课外延伸<br>结束</td></tr>
</table>

<table>
<tr><td>案例名称</td><td colspan="3"></td><td>科目</td><td></td></tr>
<tr><td>教学对象</td><td></td><td>课时</td><td></td><td>提供者</td><td></td></tr>
<tr><td colspan="6">七、教学评价设计</td></tr>
<tr><td colspan="6">课程基本结束时，指导学生进行教学评价。明确评价的具体内容，以学生自评为主，以学生互评、教师评价为辅。在肯定优点的同时，指出问题所在及改进建议等。<br>附：<br>学生自评表</td></tr>
</table>

| 内容＼项目 | 知识与技能 | 过程与方法 | 情感态度与价值观 | 得分 |
|---|---|---|---|---|
| 创设情境<br>诗意导入 | 2 | 3 | 5 | |
| 查找信息<br>明确目的 | 3 | 5 | 2 | |
| 借鉴实例<br>指导要点 | 3 | 5 | 2 | |
| 模拟练笔<br>激发创作 | 3 | 4 | 3 | |
| 习作欣赏<br>展现个性 | 2 | 5 | 3 | |
| 课外延伸<br>鼓励创新 | 2 | 3 | 5 | |
| 合计 | 15 | 25 | 20 | |

| 八、帮助和总结 |
|---|
| |

第二种：叙述式。通过叙述方式将教学设计的内容表现出来。它的主要内容除了“课题名称”、“设计者(姓名、通讯地址)”外，还包括以下几部分：

课题名称

设计者(姓名、通讯地址)

一、概述

说明学科(数学、语言艺术等)和年级(中学、小学、学前等)

简要描述课题来源和所需课时

概述学习内容

概述这节课的价值以及学习内容的重要性

二、教学目标分析

从知识与技能、过程与方法、情感态度与价值观三个维度对该课题预计要达到的教学目标做出一个整体描述。

三、学习者特征分析

说明学习者在知识与技能、过程与方法、情感态度与价值观三个方面的学习准备(学习起点)，以及学生的学习风格。要注意结合特定的情境，切忌空泛。

说明教师是以何种方式进行学习者特征分析，比如说是通过平时的观察、了解，或是通过预测题目的编制使用等。

四、教学策略选择与设计

说明本课题设计的基本理念、主要采用的教学与活动策略，以及这些策略实施过程中的关键问题。

五、教学资源与工具设计

教学资源与工具包括两个方面：一是为支持教师教的资源；二是支持学生学的资源和工具，包括学习的环境、多媒体教学资源、特定的参考资料、参考网址、认知工具以及其他需要特别说明的传统媒体。

如果是其他专题性学习、研究性学习方面的课程，可能还需要描述需要的人力支持及可获得的情况。

六、教学过程

这一部分是该教学设计方案的关键所在。

在这一部分，要说明教学的环节及所需的资源支持、具体的活动及其设计意图以及那些需要特别说明的教师引导语。

最后，画出教学过程流程图。同时，流程图中需要清楚标注每一个阶段的教学目标、媒体和相应的评价方式。

七、教学评价设计

创建量规，向学生展示他们将被如何评价(来自教师和小组其他成员的评价)。另外，可以创建一个自我评价表，这样学生可以用它对自己的学习进行评价。

八、帮助和总结

说明教师以何种方式向学生提供帮助和指导，可以针对不同的学习阶段设计相应的不同帮助和指导，针对不同的学生提出不同水平的要求，给予不同的帮助。

在学习结束后，对学生的学习做出简要总结。可以布置一些思考或练习题，以强化学习效果。也可以提出一些问题或补充的链接，鼓励学生超越这门课，把思路拓展到其他领域。

第三种：主题式。顾名思义，是将教学设计的主要内容提纲挈领地引举出来。如下表所示：

<table>
<tr><td colspan="4">教师信息</td></tr>
<tr><td colspan="2">姓名</td><td colspan="2"></td></tr>
<tr><td colspan="2">学校</td><td colspan="2"></td></tr>
<tr><td colspan="2">电话</td><td colspan="2"></td></tr>
<tr><td colspan="2">E-mail 地址</td><td colspan="2"></td></tr>
<tr><td colspan="4">主题活动选题</td></tr>
<tr><td colspan="2">主题活动标题</td><td colspan="2"></td></tr>
<tr><td colspan="4">课程问题</td></tr>
<tr><td></td><td>主要问题</td><td colspan="2"></td></tr>
<tr><td></td><td>子问题</td><td colspan="2"></td></tr>
<tr><td colspan="4">活动设计摘要</td></tr>
<tr><td colspan="4"></td></tr>
<tr><td colspan="4">学科领域(选择所涉及的学科)</td></tr>
<tr><td colspan="2">商业教育<br>工程学<br>家政<br>语文<br>音乐<br>职业教育<br>社会学科<br>戏剧</td><td>外语<br>工业技术<br>数学<br>物理教育<br>自然科学<br>工艺技术<br>化学<br>生物</td><td>历史<br>地理<br>公民<br>信息技术<br>美术<br>体育<br>劳技<br>其他</td></tr>
</table>

| | | |
|---|---|---|
| 年级(选择所涉及的学生) | | |
| 幼儿园 -2年级<br>6–8年级(初中)<br>非母语课程<br>天才学生 | 3–5年级(小学)<br>9–12年级(高中)<br>需要帮助的学生<br>其他 | |
| 学习目标 / 预期学习成果 | | |
| | | |
| 国家课程标准 | | |
| | | |
| 教学过程 | | |
| | | |
| 所需时间(例如：7天，4周，2个月，半年等) | | |
| | | |
| 必备技能 | | |
| | | |
| 本主题活动需要的学习材料和资源 | | |
| 硬件技术(选择所涉及的设备) | | |
| 照相机<br>计算机<br>数码相机<br>DVD 播放器<br>国际互联网 | 光驱<br>打印机<br>发射系统<br>扫描仪<br>电视 | 录像机<br>摄像机<br>可视会议设备<br>其他 |
| | | |
| 软件技术(选择所涉及的软件) | | |
| 数据库 / 电子表格<br>桌面出版<br>E–mail 软件<br>百科全书 CD–ROM | 图像处理<br>网页浏览器<br>多媒体 | 网页制作<br>文字处理<br>其他 |
| 印刷材料 | | |
| 所需教具 | | |
| 因特网上的资源 | | |

## 三、教学设计技能应用方法与要求

### (一)教学设计的主要环节

主要环节包括：学习需要分析；学习内容分析；学习者分析；学习环境分析；确定学习目标；设计教学策略；选择教学媒体或资源；学习效果评价。

1. 评估需求确定教学目的：测量学习差距、确定完成教学后能够做什么
2. 教学内容分析：学习者学习之前的知识技能分析
3. 学习者分析：学习者个性特征和学习环境分析
4. 编写教学目标：具体陈述学习后能够做什么
5. 开发评价方案：你准备如何评价学生的学习
6. 开发和选择教学材料：设计各种教学资源和材料，为教学做准备
7. 实施与评价：实施设计并进行多方面的评价
8. 修改：整理反馈资料和数据，修改教学设计
9. 总结性评价：对学习者使用效果进行最终评价

### (二)教学设计的基本要求

对各学科教案的设计，都有一个基本要求。每一个教师在达到基本要求之后，要写出学科特色和个人的教学风格来。

①教案中必须包括教学内容(教学课题)、教学目标、教学重点、教学难点、板书设计及演示文稿 PPT、主要教学方法、教学工具、各阶段时间分配、教学过程(五个环节)、教师活动、学生活动、各阶段设计意图、课后评价与反思等内容。教案设计要灵活多样，注重实效。同一个教学内容，在同一时期，不同的教师设计的教案形式可以不同。同一个教学内容，在不同时期，同一个教师设计的教案也会不同。每个人都有自已的设计方法和风格，只求基本部分相同，不求完全相同。教师的备课和讲课要依据“纲要”、“课标”和教材，但还要根据本地区的情况、学校的条件、学生接受能力和水平，二次开发教材。要发挥出自我，要体现出自身的价值，让听课的专家、领导和教师在课堂上能够“找到有悟性的您”。

②青年教师教案要详细，但不能超过 A4纸5页。有经验的中老年教师

的教案要简洁(简洁不简单)，但不能少于A4纸2页。教案要保留书面和电子两种形式，以备后期利用和检查。杜绝无教案上课、后补教案和不规范教案。教案的后期利用是指将过去的旧教案(如去年的教案)复制过来。首先是改换日期时间等基本信息。然后，根据信息技术发展的情况、所授班级的情况、教学环境的变化、个人信息技术的教育教学观念的改变、个人教育教学水平和能力的提高等，将教案中的旧的东西剔除掉，加进新的教育教学观点、概念和方法，加进新的信息技术的知识和技能，加进更切合本班学生实际的例子……最终，将旧教案改变为适合今年教育教学的新教案。

③在课堂实施的过程中，也要根据实际的课堂教学情况的变化而变化，能够灵活多变地、轻松自如地驾驭课堂，不拘于教案。

④设计教案的目的是在上课时给自己看的，不是给学生或其他什么人看的。但是，对于同行教师进行教学交流、讨论研究的教案，对于教学领导检查教学要看的教案，对于教学设计大赛和评比的教案，对于选入《教学设计案例》的教案，一定要注意区别对待。对于同一节课的教学内容，不同用途的教案，可以根据不同的需求写成多种形式。既不要求都做成经典教案，亦不必投入太多的无谓劳动。教案可繁可简、可粗可细，但都要认真对待，最起码也要符合教案设计的基本要求。

## 四、教学设计技能案例示范

【案例】 《水调歌头》教学设计[3]

**教学目标：**

**知识能力目标：**

1. 了解这首诗的作者的生平及相关背景知识。

2. 了解这首诗的思想内容，体会诗人的思想感情。

3. 背诵这首诗。

**过程与方法目标：**

1. 配乐范读、打拍朗诵、足踏朗诵，让学生在反复诵读中充分体会作品

---

3 来源：莲山课件 http://www.5ykj.com/Health/qi/43584.htm.

的节奏、韵律，感受其声韵美。

2. 利用“主题”来建构以中秋月亮为题材的诗词，从而学会对诗词的对比、区分与整合。

3. 古诗四步教学法：知诗——诵诗——析诗——品诗。引导学生知内容、想意境、悟情感、品特色，最终背诵。

**情感、态度、价值观目标：**

通过再现诗的意境达到感染学生的目的，利用多媒体辅助教学，提高学生的学习兴趣，并以此激发学生的想象进行创造，沟通课内外，提高语文素养，培养审美情趣，培养热爱中华民族优秀文化的思想感情。

**教学重点：**领会诗意，体会诗意，并积累名句。

**重点突破：**多形式反复诵读，情景教学，名句赏析。

**教学难点：**借助想象，感悟意境，深刻体味作品所蕴含的情思，理解诗人的豁达乐观情怀。

**难点突破：**利用多媒体辅助手段、名句赏析、讨论合作，帮助学生了解情感，引起共鸣。

**教学方法：**

1. 诵读法

2. 情景教学法

3. 讨论点拨法

4. 古诗四步教学法

**学习方法：**

1. 朗读理解

2. 小组合作

3. 发挥想象

**教学用具：**

《春江花月夜》磁带、多媒体课件、《明月几时有》歌曲磁带、《水调歌头》书法作品

**教学过程：**

一、导入新课(引词)

在大自然的景物里，月亮是极富浪漫色彩的，它极易激发人的艺术联想，一钩新月会让人想到初生的萌芽事物，一轮满月会让人联想到美好的生活。在月亮身上，文人们寄托了很多憧憬、很多情感。同学们能调动积累，说一说我们学过的有关明月的诗句吗？（学生回答）那么，苏轼仰望明月，他会联想到什么呢？

二、初步感知：教师播放《明月几时有》歌曲，多媒体配以优美画面

三、指导学生朗读(诵词)

(1)教师范读全词(配以《春江花月夜》)，学生听读，初步感知诗意。提示重点字读音(多媒体出字)：

阕（que） 琼（qiong）绮（qi）胜（sheng）

(2)手打拍朗读，足踏朗读(教师示范朗读、学生跟读)

要求：充分体会作品的节奏、韵律，感受其声韵美

(3)抽生读，配乐

要求：字正腔圆，正确断句

(4)分男女生分上下阙读

要求：抑扬顿挫，略带感情

四、整体把握诗意(析词)

(1)学生借助注释，理解诗意。教师提供背景，学生参考助读资料。

(2)教师设计相关问题，知道学生解读诗意。

a. 词的上下两阙主要写什么？请用自己的话概括诗意。

b. 上阕中哪两个字最能体会作者对明月的向往？哪两个字又最能体现作者既向往天上又留恋人间的矛盾心理？又是哪两个字把苏轼带回热爱人间的感情上来？体会作者的感情起伏。

c. 下阕中由中秋圆月联想到什么？哪两个字最能突出月圆人不圆的忧伤情怀？又是哪两个字把笔锋一转，聊以宽慰，富有哲理？哪两个字又最能体现作者的豁达乐观的情怀？

d. 上下阕的联系何在？

学生以小组为单位讨论交流，教师根据学生回答，板书并作补充讲解。

五、品诗

(1)学生发挥想象，描绘意境。教师利用音乐烘托，多媒体画面激发学生兴趣，散文描述激发学生想象，并带领学生进入意境。

(2)(学生活动)诗中有画、画中有诗，让学生自述眼前画面，师生互相补充完整。

(3)问：作者对人生的感悟体现在哪些词句上？

(学生活动)学生畅谈对这一名句的理解和感悟。

六、拓展

1. 赏析美术作品、书法、绘画，融合音乐，激发学生别出心裁读古诗，并教育学生热爱古诗词。

2. 名句互通，踏雪寻踪，联系课堂内外。

青天有月来几时，我今停杯一问之　　李白《把酒问月》

我歌月徘徊，我舞影零乱　　李白《月下独酌》

海内存知己，天涯若比邻　　王勃《送杜少俯之任蜀州》

海上升明月，天涯共此时　　张九龄《望月怀远》

七、总结

这首词虽饱含人生哲学，但它是通过一个完美的文学意境来表现的。我们感觉到那中秋之夜美好的月色，体会作者丰富的情感，而不是枯燥的说教。词中虽有出世与入世的矛盾、情与理的矛盾，但最后还是以理遣情，不脱离现实，无悲观消极情绪，却是豁达乐观的祝福。怪不得古人说："中秋词自苏东坡《水调歌头》一出，余词尽废。"

八、齐诵本词

要求：沉浸词中，饱含感情，读出感情的起伏变化，读出全诗高潮。

九、布置作业

美好的诗词意境总能引发人们无穷的创造。发挥想象力，根据这首词的内容画一幅简笔画或编一段舞蹈或创造一幅书法作品或制作一部电脑动画。

**板书设计：**

**水调歌头**

一、引诗——"含月"诗句

二、诵诗

上阕：——饮酒问月——幻想上天————热爱人间　身世之感

三、析诗

下阕：——月圆人离——难眠怀弟————美好祝愿　思弟之情

四、品诗：想象，口述画面

五、拓展：欣赏，名句互通

## 五、教学设计技能实战演练

### (一)训练目标

第一，通过优秀、典型教学设计的学习和讨论，了解教案编写的结构和格式，使学生能根据教学目标和教学实际设计教学内容，能遵循教案编写的基本要求，编写完整的教案。

第二，学生通过备课、试教、互评等实践活动，掌握备课和写教案的技能。

### (二)训练程序

第一，学习教学内容设计和教案编写的相关理论。

第二，学习有关教学内容设计和教案编写的相关范例。

第三，学生进行有关设计和教案编写的模拟练习。

第四，学生操练与反馈。同学或指导小组作出评价，提出改进意见，然后进行自我分析，再修改与练习。

### (三)训练过程(以初中语文为例)

1. 理论讲解

⑴备课及教案编写的意义。备课是指教师上课前的准备工作。备课是搞好课堂教学的前提，也是教师自身学习、提高和完善的重要过程，因为教学对象、内容、方法与手段都在不断变化和更新。教师只有认真备好课，才能制定出周密的上课计划，妥当地安排教学的各个环节和时间，胸有成竹、运用自如地发挥教师在课堂教学中的主导作用。

教案是教师根据大纲、教材和学生的实际情况所制定的施教方案，它是教师充分备课所形成的书面成果，是进行课堂教学的依据。写好教案是保证教学任务的完成，提高教学质量的重要一步。备课和写教案技能是教师的必备技能之一。

⑵备课及教案编写能力要求。体现在以下五点：

第一，能分析教材，准确把握教学重点和难点；

第二，能分析学生能力，把握语言输入控制在学生发展区；

第三，能充分了解学生喜爱，创设学生感兴趣的活动；

第四，能将五大领域知识进行整合；

第五，能有清晰的教学思路，并能将活动过程准确编写清楚。

⑶对备课技能的具体要求。

第一，备教材[4]。

研究和处理教材主要综合地研究如下几个方面的内容：

1. 各类文章教学的角度。例如，教读课文与自读课文的研究处理，长篇课文与精短课文的研究处理，繁难文章与浅易短文的研究处理，文体特征不同的各类文章的研究处理。

2. 单篇课文的取舍裁剪。例如，全篇课文的整体式处理，知识内容的线条式处理，精美之处的板块式处理，实现目标的要点式处理，重点、难点、美点的选择与突破等。

3. 多篇课文的提炼组合。例如，比较式教学、联读式教学，相关的单元复习课、期中期末复习课、专题复习课、综合性活动课、作文指导课等研究处理。

4. 课文利用角度的选择。一般而言，文体因素是课文研究处理的最基本的因素。

第二，备学生。

在语文教学中，尽可能地多了解学生，有效开发利用适合课堂教学情境的资源，设计符合学生兴趣的自主学习方式和解决问题的策略，是精心预设的一大前提，可以调动学生的情感体验，激发学生的求知欲，让他们如临其

4 朱芒芒.有效的教学技能教学问题诊断与技能提高.初中语文.吉林大学出版社.

境、感同身受，从而达到以情激情的目的。

第三，备目标。

语文教学目标在语文教学中有着重要的地位，但仍然存在教师专业化意识贫乏、教学主导地位模糊、自身陷于呆板僵化的“理性化”信仰或者空洞、虚无的“全面”形式，使得教学目标成为一种正确的废话。在拟制预设目标时，应遵循三个原则，即主体性原则、整体性原则和层次性原则。

第四，备过程。

教学过程即课堂教学设计的教学流程，即这节课从什么地方出发，怎样一步一步往前走，最后达到什么终点。教学过程就是一节课或一篇文章的教学蓝图，它表现出来的就是教学的步骤、层次。

教学过程的安排对课堂教学而言具有重要的作用。“教学既是科学又是艺术”往往就体现在这一教学过程中，教学过程要注意过程的流畅合理，注意教学内容的组合有序，注意教学双方活动自然，注意教学时间安排得当。所以，不管是从科学的角度，还是从艺术的角度，人们都可以从“过程”中看到教师的水平、风格和特色。

第五，备活动。

“活动体验”的教学，要引导学生围绕专题，设置话题和学习要求，结合学习材料，开展丰富多样的语文活动，在活动中体验、思考、探究，在活动中提高语文素养。这里的活动实际上是语文的实践活动，如积累运用、感受体验、审美鉴赏、探究发现、拓展创新等。这一系列的活动讲究“经历”、强调“实践”，就是让学生在丰富多彩的语文活动中动口、动手、动脑。活动体验的关键是体验，体验本身就是一个涵盖着“感受、理解、表达”及“建构并生成新意义”的一个内隐的综合过程。因此，体验也是一种内省式的特殊活动，是自主的个体在特定的情境中知识内化、经验深化、反思建构的过程，是自得自悟的生命活动状态。有了体能，知识的学习就不再是仅仅属于认知的理性范畴。

第六，备方法。

在备教材、备学生的基础上，找准新旧知识的衔接点，安排教学步骤，让学生从已知到未知，轻松愉快地接受知识的传授。进行技能训练要选择适当的途径和方法突破难点。

①要有生动、活泼吸引学生注意力的导入设计。

②采取最佳的呈现新语言材料的形式和方法，快节奏地组织全班学生参与练习活动，用交际的手段启发学生思维，适时引导他们对所学知识进行归纳或演绎，把语言内容同语言形式统一起来，把意义和功能统一起来。坚持精讲多练。

③拟定课堂教学中的各个环节、各个步骤之间的衔接方式，通过恰当的起承转合，把各项教学活动汇为有机、和谐的整体。

第七，备联系。

语文课堂教学“是通过听、说、读、写的训练，促使学生获得语文基础知识和为交际初步运用汉语的能力”。所以，精心设计听、说、读、写的训练方法、步骤和语言材料至关重要。要把握好以下几个方面：

①训练的方法和步骤要根据教学目的而定。听、说、读、写各教学阶段可以有所侧重，但尽量综合进行。

②训练要从易到难、由浅入深，按控制性、半控制性和开放性的不同层次来组织。

③适当地变换形式和方法，其内容要与学生的学习、生活联系起来，以便激发学生的兴趣。

④要保证全班学生都参加练习，使各类学生都有机会练习，都有收获。

2. 教师组织学生讨论部分案例的优缺点，并对其进行修改。

3. 小组讨论。

分小组讨论活动开展的过程，在探讨的过程中掌握备课的技能与技巧。

4. 个人教案编写成绩评价表。

每人根据教师指定的主题写一份教学内容设计和教案，在此基础上进一步对教学内容的设计和教案进行评价，检验其信度和效度。我们可以从下列方面评价教学内容的选择和组织：

(1)所选择的教学内容是否为实现教学目标所必需？还需要补充什么？哪

些内容与目标无关，应该删除？

(2)教学内容的顺序排列是否符合学生的心理特点？

(3)教学内容的顺序排列是否符合教学的实际情况？

(4)学习者已经掌握了哪些内容？教学从哪里开始？

经过评价和进一步分析，我们可以把一些与教学目标无关的内容删除，也可以根据需要增加一些教学内容。

**附：**

**教学内容设计评价表**

| 评价指标 | 权重 | 得分 |
|---|---|---|
| 教学内容充实 | 2.5 | |
| 教学内容重点突出、难点分散、疑点明确 | 2.5 | |
| 教学内容符合学生心理特征 | 2.5 | |
| 教学内容符合教学实际需要 | 2.5 | |
| 总计 | 10 | |

**教案编写评价表**

| 评价指标 | 权重 | 得分 |
|---|---|---|
| 教案结构完整、书写规范 | 2.5 | |
| 教学目标明确 | 2.5 | |
| 教学过程清楚 | 2.5 | |
| 教学内容科学 | 2.5 | |
| 总计 | 10 | |

# 第二章　导入与结课技能

## 一、真实案例导入

### 好的开始是成功的一半

师：今天，我们学习鲁迅的一篇散文《从百草园到三味书屋》(板书“从百草园到三味书屋”)。请大家看题目，想一想：作者鲁迅先生会从哪几个方面去写呢？

(学生举手)请 ××× 同学说说看。

生1：我想，鲁迅先生可能会写百草园的风光，也可能写到百草园里特有的东西。

师：这是一个方面，还有其他补充吗？好，你坐下。她[指生(1)]回答时用“可能”很确切，因为这是我们从题目的示意中猜想到的。请别的同学补充。

(学生举手)请 ××× 同学补充。

生2：还可能写他在百草园里经历过什么事情。

师：噢，补充了百草园的生活。

生3：还可能写鲁迅在百草园里怎样玩。

师：噢，写怎么玩的。

生4：鲁迅先生也可能写从百草园到三味书屋的转变过程。

师：“转变过程”？这句话要讲清楚。是不是这样讲：鲁迅先生可能写怎么会从百草园到三味书屋的。也就是说，怎么会离开百草园到三味书屋的。好，你坐下。还有补充吗？

(学生举手)好，×××。

生5：也可能写他在三味书屋是怎样学习的。

师：你们从题目的示意中已经看出三点“可能”了：第一，这个题目可能告诉我们百草园是怎样一个园，鲁迅先生在百草园的生活是怎样的；第二，可能告诉我们三味书屋这个地方是怎样的，鲁迅先生在那里的学习情况如何；第三，还可能告诉我们鲁迅先生怎么离开百草园到三味书屋的。

这个课堂教学实例是上海市钱蓉芬老师教鲁迅的《从百草园到三味书屋》一文的导入环节。钱老师的这个导入，采用课堂讨论的形式，极大地调动了学生的学习积极性。通过审题导入，巧妙地把阅读教学和作文教学联系起来，既培养了学生的审题能力，又提起了课文学习的纲，同时还有效地训练了学生的思维和口头表达，实在是匠心独运，一举多得。

导入作为一堂课的起始环节，直接影响着课堂教学的质量，好的导入会起到先声夺人、引人入胜的效果。同样，就一堂课而言，结课也是课堂教学的重要组成部分，起着画龙点睛、提纲挈领的作用。文章的开头和结尾常被人们称作“凤头”和“豹尾”，足见二者的重要。课堂教学的导入与结课亦是如此，可以说在整个教学过程中占据了“黄金位置”。所以，掌握导入与结课的技能对教师来说至关重要。

## 二、导入与结课技能理论指导

导入与结课是课堂教学中不可忽视的两个重要组成部分。导入的好坏直接影响到学生的求知欲和好奇心，影响课堂的教学效果；而结课的好坏也同样直接影响到学生对整节课知识的完整掌握及其是否留下深刻的印象。所以，别出心裁、不拘一格、精心设计出的导入与结课，往往能使课堂生辉，取得事半功倍的效果。为帮助大家提高导入与结课的技能，本章将逐一加以介绍。为叙述方便，特将两种技能分而叙之。

### (一)教学导入技能概述

“良好的开端是成功的一半。”课堂导入是一个不容忽视的重要的教学环节。全新的、多彩的导入方式往往会起到“转轴拨弦三两声，未成曲调先有情”的效果，对于培养学生的学习兴趣、激发学生的学习动机和集中学生的注意力大有裨益，为教学任务的出色完成奠定良好的基础。

导入设计可以说是教师的一项发挥主观能动性的创造性的活动，需要执教者根据教学内容的调试，基于教学目标的思考，充分考虑教学对象的实际情况及教学的整体构想，精心设计和安排。如果说教学是一门艺术的话，那么，教学的导入可以说是“艺术中的艺术”。这其中蕴含着教师的教学智慧，融合着教师的教学理念和教学的关注点，体现着教师的综合素养，更关系着教学效果和教学质量的好坏。

教学的导入技能是构建高效语文教学的重要技能，特级教师于漪曾经说过：“在课堂教学中要培养、激发学生的兴趣，首先应抓住导入新课的环节，一开始就把学生牢牢地吸引住。”所有一线教师和教育工作者应该重视导入的设计，并为之投入更多的时间和精力，有意地培养、训练、发展、强化教学的导入技能。

1. 教学导入技能的概念界定

“导入”顾名思义，即一“导”二“入”，又叫做“导课”、“引入”、“开讲”或“开场白”。课堂导入是教学活动的正式启动，是课堂教学伊始，为使学生进入新的学习状态，教师有意识、有目的地做出引导的教学组织行为，是教师和学生所有教学活动的总称。“技能”是一种通过学习重复和反省而习得的体能、心能和社会能力，个体对这种能力的提高也许是无止境的。“导入技能”则是意在通过学习、设计、训练等多种手段可以掌握和形成的一种高效教学技能。

清人李渔说：“开卷之初，当以奇句夺目，使之一见而惊，不敢弃去。”李渔本意是用此来说明文章开头必须讲究落笔艺术。其实，教学的导语亦该如此，务必要起到先声夺人、扣人心弦的作用，使学生涣散游离的心在短时间内能集中到课堂教学内容上来。导语在整个课堂教学中至关重要，它如同桥梁，联系着旧课和新课；如同序幕，预示着后面的高潮和结局；如同路标，指明学生思维的方向。

2. 教学导入技能的理论启示

纵观国内外许多经典教学理论，不难发现学者们对于教学导入环节的重视和关照。这也有助于执教者提升对教学导入价值的再认识，为导入提供新的理论支撑，对新课程理念下的教学导入设计和教学导入技能的形成具有启示作用。

美国著名心理学家奥苏泊尔的“先行组织者”理论指出：“先行组织者”是指安排在学习任务之前呈示给学习者的引导性材料，旨在用先前学过的材料去解释、整合和联系当前学习任务中的材料，并帮助学习者区分新材料和以前学过的材料。这无疑与导入的联结新旧知识桥梁的作用相契合，有助于更好地从学生的起点能力出发，合理引入学生的已有知识，使之与当前的学习任务有机联系起来，为新知识的习得做好充足的准备。

保加利亚心理学家洛扎诺夫首创的“情境——陶冶教学策略”和特级教师李吉林老师的“情境教学法”都强调指出，教师要通过语言描绘、实物演示和音乐渲染等方式，为学生有目的地引入或创设一个生动形象的场景，以期激起学生的情绪。这两种理论启发我们：在导入设计时，要注重根据教学内容和学生特点，为学生创设适宜情境，营造舒适的学习氛围，让学生积极主动地进行自主学习。

“建构主义”代表人物皮亚杰认为，学习是通过“同化”和“顺应”，学习者利用自己原有认知结构中的有关经验去同化或改造、重组当前学习到的新知识的过程。借鉴皮亚杰的理论到导入教学，为达成我们的导入目的和初衷，可以采用与该理论相适应的“温故知新”的导入方法。

除此之外，主张人本主义学习理论的罗杰斯倡导的有意义学习理论也为导入的设计指明了方向，启示我们在导入环节应让学生意识到学习的意义，并为之提供有效的学习方式和手段。这些理论都涉及课堂导入的设计，无疑会对优质教学的实现起到较强的推动作用，为优质导入的实践探索提供有益的理论支持。

3. 教学导入技能的现实依据

现代心理学家和统计学家研究发现：在一堂40分钟的课时中，学生的思维状态分为三个阶段，即思维水平逐渐集中阶段、最佳思维阶段和思维水平逐渐下降阶段。在常规教学中，学生的思维变化呈现如下规律：在课堂教学的第一个10分钟内，学生的思维逐渐集中；在10至30分钟内，思维处于最佳活跃状态；而在最后10分钟内，思维水平逐渐下降。

这一规律揭示了课堂教学中学生的思维集中程度变化的规律。为提高课堂教学效率，教师在授课时应尽量延长最佳思维活动时间。在第一阶段，新课一开始，教师要加强信息强度，以最少的时间使学生的思维达到最佳水平，以最快的速度把学生的注意力引导到教学目标上来。这就要求教师对新课导入的设计反复斟酌，力求科学合理，恰当安排，巧妙组织，灵活运用。这是因为，课堂导入是课堂教学过程的第一个环节。在课堂教学中，教师能否从上课一开始就把学生吸引到教学内容上来，直接影响这堂课的成功与失败。

心理学研究还表明，第一印象的作用最强，持续的时间也长，比以后得到的信息对于事物整个印象产生的作用更强，这就是通常所说的“首因效应”。首因效应在本质上是一种优先效应。当不同的信息结合在一起的时候，人们总是倾向于重视前面的信息。即使人们同样重视后面的信息，也会认为后面的信息是非本质的、偶然的，人们习惯于按照前面的信息解释后面的信息。即使后面的信息与前面的信息不一致，也会屈从于前面的信息，以形成整体一致的印象。人们对于事物的整个印象，一般是以第一印象为中心形成的。

从中我们不难看出，导入是符合学生的认知规律和心理特点的，在整个教学中处于重要的地位、承载着特殊的功能。这也充分体现了教学导入的现实基础和意义，是符合学情的重要教学环节。

4. 教学导入技能的原则

(1) 导入要有目的性、指向性和针对性

作为执教者，要始终清楚和明确导语的目的和功用在于把学生引入新课。因此，导语必须紧扣课题，针对教学的目的与内容。导入内容应突出与教学内容的关联性，并且指向性明显，不能使导语与后面所讲的内容彼此分离，互不相关。同时，要针对学生的实际、教师的特点和课型的不同，选择恰当的导入方式，确保教学从一开始就驶向正确的轨道。

(2) 导入要有趣味性、调动性和艺术性

如果一个学生对学习感兴趣，就能充分发挥其学习的积极性。这就要求导语必须新颖有趣，应根据学生的思想、学习和生活实际，独具匠心地设计导语，同时把新课的内容、重点、难点加以综合考虑，体现这一堂课的教学思路，让学生听到导语便能自觉地顺着思路往下听、往下想，接受新知识、训练新能力。

教师在教授《田忌赛马》时，可以这样导入：“同学们，现在我们玩一个比大小的扑克牌游戏。”教师出示红花、黑花两种扑克，红花牌分别为10、8、5，黑花牌分别为9、6、3。学生选红花扑克。结果，不管学生先出哪一张牌，教师总是输一局，胜两局，赢得胜利。教师讲解自己是受《田忌赛马》的启发，学生就带着浓厚的兴趣去学习新知识。

⑶导入要有概括性、简洁性和统领性

课堂导语应当抓住最本质的、最主要的内容，做到少而精，以简驭繁。在设计课堂导语时，要充分考虑时间，使导语恰到好处，与接下来的教学活动自然衔接。这样做，既能起到导语的作用，又能保证教学活动的顺利进行。

导入环节不仅需要时间简短，而且语言的简洁性也是必要的。导入语言不能拖泥带水，要在有限的三五分钟内把导入恰当地完成。导语对整个课堂教学起着概括作用，概括性也就是强调语言的高度凝练。教师在设计导语时，要充分考虑内容的概括性，要充分考虑语言的简洁性。导语不能芜杂拖沓、纷繁赘余，应真正做到言简意赅、明细透彻，给学生以明快感和利落感，使学生能够在最短的时间内以最快的速度将注意力集中到教学活动中，做到统领整堂教学、提纲挈领、一语中的。

5. 教学导入的作用

⑴集中学生焦点，使学生快速融入课堂教学

夸美纽斯说：“教学艺术的光亮是注意，学习的人才能保持心里不跑野马，才能了解眼前的一切事物。”刚上课时，学生的注意力往往不够集中。教师应当针对学生的关注点和兴趣点设计导语，把学生的注意力拉回课堂，为新课的学习做好准备。

吸引学生的注意力是一个好的课堂导入的首要任务，课堂导入存在的意义首先就在于让学生一走进教室就迅速地把关注点转移到课堂中，把注意力集中到教学内容上。这样一来，课堂的每一分钟都是有效的，教师的授课也会收到好的效果。

⑵激发学习兴趣，使学生快速进入求知状态

子曰：“知之者不如好之者，好之者不如乐之者。”众所周知，孔子的这句话告诉人们兴趣对于学习的重要性。兴趣是学生积极学习的推动力，直接影响着学生学习的积极性。所以，一名优秀的教师要十分关注学生的学习兴趣。在新课的导入环节，就应努力激发学生强烈的学习兴趣，使学生带着学习新知识的渴望，迫切希望开始新课的学习。这样一来，语文教学活动就会让学生轻松愉悦地获取新知，使课堂学习变成探求知识的愉快的过程。

⑶连接新旧知识，使学生快速进入新课学习

新知识的学习必然要以旧知识为支撑，在学习新知识前，必定要激活易于同化新知识的旧知识。心理学家奥苏泊尔说："假如我把全部教育心理学归结为一条的话，那么，我将一言以蔽之：影响学习的唯一重要的因素是学生已经知道了什么，探明这一点，并据此进行教学。"

课前需要复习，温故而知新一定要追溯到与新知识有联系的知识，用于激活与此次课堂学习有关的原有知识。导入既是先前教学的自然延伸，也是本堂课教学的开始。它承担着"承上启下"、"以旧带新"的作用，充当着联系课与课之间的"桥梁"和"纽带"。复习与新知识有关的旧知识是导入的重要内容之一，不仅能够激活旧知识，为"同化"新知识提供方便，而且还能使学生产生成功感，为后继的学习提供动力。

⑷明确学习目标，使学生快速抓住学习重点

教学目标是教师根据教学内容和新课程标准的相关要求预设的方向。不论是教师的教，还是学生的学，都要有一定的目标，否则课堂将失去方向，教学则无意义。

在实际的教学活动中，教师对"教学有法，教无定法，贵在得法"都有自己的理解，课堂教学也为所有的执教者提供了更为广阔的平台和空间。但是，教学活动并不等同于生活世界的活动，需要有明确的目标导向，并通过教师的教传达给学生，使学生明确本课的重点，为更好地有方向、有指向、有目标的学习提供条件和可能。

教学导入承载着明确教学目标和重难点的作用，强化其重要性和必要性，以期引起学生的足够注意，并且给学生学习以定向，产生对学习的期待，这是其保持注意，维持学习动机，自觉主动地控制和调节学习活动的重要保证。

(5)创设课堂情境，使学生快速寻求情感共鸣

唐代诗人白居易说：“感人心者，莫先乎情。”优秀的导入具有极高的美学价值，教师用优美而富有激情的语言营造出教学情境，便于与学生产生情感共鸣，进而震撼学生的心灵，使他们体验到心灵的启迪、审美的愉悦、情感的享受。

为学生预设符合教学内容的课堂情境，便于学生设身处地地感受和想象，这就为教学任务的展开提供了可能。成功的导入能迅速创造一种融洽的教学氛围，能使学生积极联想、丰富想象，能增加学生欢乐之感的情绪体验——情感增盛。这种情感能鼓舞学生深化学习，是一种强大的推动力，是有效能的情感。而且心境处于愉快喜悦的学生，会排除师生间传统的紧张关系，化解学生对教学的抗阻情绪，使学生对教师产生信任感、尊重感、敬佩感，随之从心底产生对新知识的渴望。

**(二)教学结课技能概述**

俗话说：编筐编篓，全在收口。结课作为课的结尾，也是课堂教学的重要组成部分。成功的结课，可通过对一节课教学内容的梳理、概括、揭示规律、画龙点睛、提炼升华及引导探索等形式，把清晰而完整的知识交给学生，使之在学生头脑里留下深刻的印象。结课的作用，不仅仅是巩固知识，还必须让学生通过结课对已学过的知识与课文内容，不再停留在原来掌握的水平上，而是有了新的认识与突破，达到一种新境界，更好地由学生的起点能力达成终点能力，进而完成教学目标和教学任务。

明代戏曲理论家王骥德在《曲律》中说：“尾声以结束一篇之曲，须是愈著精神，末句更得一极俊语收之，方妙。”戏曲创作如此，教学结课也应如此。演戏要把好戏放在后面“压轴”，高明的教师常把最重的、最有趣的东西放在“末场”。好的结课具有启发性和感染力，可以给学生以启发引导，使他们的思维进入积极状态，主动地求索知识。

结课还要特别注意韵味，如余音绕梁，三日不绝，从而让人回味、深思。古语所谓“言有尽而意无穷”，正是指这种情况。所以，运用结课技能时，语言要富有深意，富有启发性，富有开拓意识，甚至有一些含蓄，给学生留

下深思和探索的空间。表面上看，课程结束了，但课内所学的内容却仍在学生头脑中盘旋，久久不去。这才是结课的应有之义。所有一线教师和教育工作者都不应忽视结课设计的重要性，必须精心设计、合理安排，确保课堂教学善始善终，给整堂课画上一个圆满的句号，并使得教学效果愈加突出。

1. 教学结课技能的概念界定

结课技能是教师在一个教学内容结束或一节课的教学任务终了时，有目的、有计划地通过归纳总结、重复强调、实践操作等活动，使学生对所学的新知识、新技能进行及时的巩固、概括、运用，把新知识、新技能纳入原有的认知结构，使学生形成新的完整的认知结构，并为以后的教学做好过渡的一类教学行为。作为一种实践操作技能，结课技能是可以通过学习、设计、训练等多种手段掌握和形成的一种高效教学技能。

结课技能的应用范围非常广泛，结课技能不仅应用于一节课的结束、一章知识的学习结束，也经常应用于相对独立的教学阶段的结尾。有效的结课可以巩固和扩展某一教学片段、主题或单元教学，加深记忆，创新思维，收到良好的教学效果。

明代文人谢榛曾说："起句当如爆竹，骤响易彻；结句当如撞钟，清音有余。"意思是写文章时，开头要出语不凡，震人心弦；结尾要清亮激越，余音绕梁。教师课堂教学的开头和结尾，是其教学艺术整体的有机组成部分。教师应自觉增强设计意识，以使其课堂教学真正成为精彩迷人的艺术。

2. 教学结课技能的心理学依据

美国著名心理学家奥苏泊尔的学习分类理论，是一种极具创见的分类。这种分类指明了意义学习与机械学习、接受学习与发现学习的划分与区别，揭示了学生的学习是以有意义接受学习为主的规律。他指出，"有意义学习"必须具备的条件是："学习者认知结构中具有同化新材料的适当知识基础，便于与新知识进行联系，也就是具有必要的起点；学习者还必须具有进行有意义学习的心向，即积极地将新旧知识关联起来的倾向；学习者必须积极主动地使这种具有潜在意义的新知识与认识结构中的旧知识发生相互作用。"当一个教学片段将要结束时，学生通过本课的学习已经掌握了一部分新知识，并和原有的知识体系相关联，积极主动地寻求二者的相互作用，以期形成更加清晰明确的认识，进而上升至能力解决实际问题。所以，经过一堂课的教学，学生已经具备了有意义学习的条件，这就为结课提出了理论上的依据。

当代认知心理学的研究也表明，当主体理解了媒体所负载的信息含义后，对信息还要进行深入的加工和转化。主体依据信息本身的特性及联系，在头脑中进行复杂的分解、组合等活动，以建立新的认知结构。在这个加工过程中，学生作为学的主体，不断构建自己的知识体系；教师作为教的主体，则需要帮助学生条分缕析，针对不同的教学内容，提示重点、难点，对学生头脑中的分解、组合起到催化剂的作用。同时，把教学过程中的一些陈述性的知识转化为程序性的知识，帮助认知主体进行信息加工。

实验心理学研究表明，外界信息输入大脑时的顺序，在决定认知效果的作用上是不容忽视的。最先输入的信息作用最大，最后输入的信息也起较大作用。大脑处理信息的这种特点是形成首因效应的内在原因。为了使一堂课的效用达到最大，我们有必要认真研究教学结课技能。

对学生知识掌握的心理机制的研究也可以看出，学生获得新知识并不意味着认识活动的结束。为了使新知识能够保持和再利用，必须将它纳入原有的认知结构中。教师的结课正是促进学生对新知识的保持和再利用，并帮助其纳入原有知识体系，对信息进行进一步深入的加工和转化。

由此观之，结课技能的基本任务是促进学生将初步获得的知识纳入原有的认知结构，从而形成新的认知结构。换句话说，就是促进知识的保持和知识的不断分化和融会贯通，这才是结课技能应该承载的作用。

3. 教学结课技能的原则

(1)完整性原则。结课应当紧紧围绕教学内容展开，明确课堂的中心任务，特别是借助试题巩固所学知识，以达到结课的效果，更要求我们所讲的内容和所评测的内容相一致，使其成为整个课堂教学的有机组成部分，与导入新课遥相呼应。不要单纯为了结课的创新而游离主题太远，始终明确结课是为了更好地完成教学目标而展开的。

(2)适度性原则。所谓“常行于所当行，止于所不可不止”，适时戛然而止，效果更为突出。课堂结课不宜在内容上画蛇添足，在时间上“拖堂”、“打疲劳战”。结课时间过长容易使学生出现倦怠、消极、兴趣度降低的情绪，不利于教学效果的巩固和发展。这就要求教师的结课简洁、明了，目的明确。

⑶提高性原则。结课不仅要对所学的新知识、新技能进行及时的巩固、概括、运用，使所学知识概括化、系统化，而且应当适度点拨，拓宽、挖掘出教材内部更深一层的意思，使学生豁然开朗，发现新意，从而把学生的知识提升到一个新的水平。

⑷发展性原则。知识是能力的基础，但掌握了知识并不等于学生就形成了相应的能力。形成能力需要进行长时间训练，不可能一蹴而就。这就要求教师选取适当的时机，运用恰当的方式方法，指导学生运用所学知识回答和解决一些难度适宜的问题，以发展学生的思维，增强他们的能力。

⑸趣味性原则。从注意力曲线和心理学对于注意力的研究来看，中学生或成年人注意力的最佳状态可保持30分钟左右，课堂的尾声容易出现走神、专注度不足的现象。这就要求教师在结课时，应采取灵活的方法，防止学生注意力分散或消极应付。例如，进行一分钟记忆比赛、一分钟即兴演讲、一分钟课堂发问、一分钟随堂小测验，充分调动学生的积极性。

⑹多样性原则。教学结尾切忌千篇一律，再好的、再有效的结课方式，长时间使用很容易造成学生的审美疲劳、消极怠工。这就要求教师开动脑筋，匠心安排，因文而异，经常变换方式，使学生保持新鲜感，更好地发挥结课的作用。

4. 教学结课技能的作用

⑴条分缕析，序化知识

教师的结课不是简单、机械地对所讲内容进行单纯的重复，而是应该删繁就简、去芜存菁，对课堂教学内容进行高度的概括、提炼、浓缩，突出重点、难点，加深学生对所学材料的印象。同时，把授课过程中陈述性的知识转化成程序性的知识，便于学生的应用和理解，形成由点到线、由线到面的良性互动。

⑵巩固强化，防止遗忘

德国实验心理学家、实验学习心理学的创始人赫尔曼·艾宾浩斯的遗忘曲线告诉人们，在学习中的遗忘是有规律的，遗忘的进程很快，并且先快后慢。由此观之，复习巩固是极其重要的。这就要求教师在结课的过程中，对于重点知识必须巩固强化，为学生新旧知识的分解、组合提供可能。

⑶教学评测，及时反馈

通过教师精心设计有针对性的口头或书面问答、作业练习、课外思考，使学生进一步巩固知识，有利于形成知识网络。它有利于检查教师的教学效果和学生的学习情况，了解学生对教学目标达到的程度，以期改进教学，使教与学相得益彰。

⑷举一反三，触类旁通

立足于“三维目标”的立体式和综合性的要求，我们的课堂教学不仅仅停留在知识的学习上，更要上升至能力甚至情感、态度与价值观的学习。消化知识，巩固所学内容，这是结课的第一个层级，实现知识和能力的迁移才是更好的要求。这就要求教师在结课的过程中，根据教学内容的调试，举一隅不以三隅反，真正达到触类旁通的效果。

⑸激发兴趣，余音绕梁

学习是一个连续不断的过程，一节课、一课书的结束，不是一个认识过程的归宿，而是新的认识的开始。如果教师在结课中巧妙地激发了学生的学习兴趣，就会促使学生主动学习、主动思考、主动探究。学生的学习不应局限于课内，而应放眼于课外的持续学习。

## 三、导入与结课技能应用方法与要求

### (一)导入技能的方法

由于教学内容的差异及课的类型、教学目标各不相同，以及课堂教学综合性的特点，决定了课堂导入的方法没有固定的章法，课堂导语的形式和内容具有多样性。因此，导语设计不能刻板单一，应力求花样翻新，多彩多姿。课堂教学不管采用哪一种导语设计，都要为本节课的教学目的和教学重点服务，与讲课的内容紧密相联，自然衔接。对于导入技能方法的分类标准，当前国内外学者仁者见仁、智者见智。在这里，我们把导入的方法大致分为五大类和若干小类。虽然不能穷尽导入的所有方式方法，但希望能给读者带来一些思考和启示。

1. 善用音像，渲染铺垫

以多媒体课件为载体，主要可以采用音乐式导入、图画式导入、影视式导入三种常见的导入方法。通过音乐、图画和影视，产生直接的感官冲击，便于吸引学生的注意力并引导学生快速地融入新的授课氛围中。

根据教学观察得出，当前的很多学生对课件具有极大的兴趣。如果讲苏轼的《水调歌头》时放一段与课文有关的音乐，不仅可以使课堂充满活力，还可以吸引学生的注意力；如果讲《鲁提辖拳打镇关西》这篇文章，可以选择影视导入，播放鲁提辖与镇关西对打的这段录像；如果讲《老人与海》，可以出示鲸鲨和老人搏斗的场面，通过鲸鲨的凶猛衬托出老人的硬汉形象。这样一来，马上就能引起学生的注意，学生也对课文内容有了初步的了解，而且他们也会对课文留有深刻的印象，一箭双雕，一举多得。

2. 知识导向，以篇达类

以知识为导向，主要可以采用作者介绍式导入、题解式导入、背景分析式导入、温故知新式导入四种常见的方法。

一是作者介绍式导入。教师在讲解那些比较著名的作者的作品之前，可以先从介绍作者入手导入本课，学生会对作者留有更深刻的印象。例如，在讲授荀子的《劝学》时，可以从介绍作者出发，介绍荀子的“性恶论”，帮助学生理解本文的写作初衷和中心观点；介绍荀子的说理散文，帮助学生窥视本文的结构特点；介绍荀子与孔孟的不同，帮助学生更好地了解本文的艺术特色。

二是题解式导入。从分析题目入手，引导学生接触文章的中心内容。这种方法开门见山，简洁明快。标题是文章的眼睛，透过标题，可以把握文章的主题和脉络。文章的标题是丰富多彩的，有的一目了然，有的暗藏玄机，有的意味深长。因此，从标题导入课文，能让学生理清线索，抓住重点，把握中心。如讲授《劝学》一文时，可从古今异义字“劝”字入手，强调其“劝勉”、“劝告”的意思，进而引出本文的中心观点“学不可以已”。再如，讲授《新闻两篇》时，也可以通过分析标题《人民解放军百万大军横渡长江》所包含的内容来了解新闻的特点(准确、真实、及时)，了解新闻的要素之一(标题)。

三是背景分析式导入。了解课文的背景，可以帮助学生更准确地理解文章。例如，讲授《荷花淀》等有关战争题材的文章时，就可以采用背景分析式导入。

四是温故知新式导入。用已学知识做铺垫，自然过渡到新知识，将知识延伸，这种知识衔接法能够一举两得，使学生受益匪浅，达到以已知求未知的效果。例如，学习王勃的《送杜少府之任蜀州》时，可让学生回忆以前学过的送别诗，如《送元二使安西》、《赠汪伦》等，找学生背诵，在学生对送别诗产生兴趣后再学习新的送别诗。这样做，既复习了原来所学的诗词，又极自然地导入新课。这种新旧知识比较的设计能避免学生混淆所学的诗句，对所学诗词进行了归类。

3. 营造氛围，烘托情境

苏霍姆林斯基说："教育素养的重要特征的第一个标志，就是教师讲课时，能直接诉诸学生的理智和心灵。"而"营造氛围，烘托情境"正是启动了学生的理智与心灵，调动了学生的情感。

在中学语文课本中，有很多文笔清新、意境优美的文章，如《海燕》、《济南的冬天》、《竹林深处人家》等。例如，讲《春》时，可以设计出一张春意盎然的投影片，有太阳、水、小草、小孩玩耍，伴随着蜜蜂嗡嗡的声音。这样就把学生带进了春天，使他们身临其境，赏心悦目。这时，他们就会对课文产生兴趣，去欣赏文章的美，感受大自然的美。

学习《背影》一文时，教师可以这样动情地导入："人常说：'母爱似水，父爱如山。'这如山的父爱是父亲手中的半截烟头，是父亲脸上纵横的皱纹，是父亲深深佝偻的后背，是父亲日渐蹒跚的步履……"随着教师的深情朗诵，学生的情绪深深地被感染，产生强烈的感情共鸣，不知不觉中进入了《背影》的学习。

4. 巧设悬疑，扣人心弦

说书人"且听下回分解"的奥妙之处就在于讲到最扣人心弦的时候，有意避而不讲，抓住了听众非听完不能满足心愿这个要害。说穿了，就是善于设置悬念，紧紧吸引听者的注意力。

上课伊始，学生的注意力还很分散。这时，教师可以设计几个与教学内容相关的问题，来刺激学生的求知欲，激发学生释疑而探索的心态。实践证明，疑问是思维的启发剂，它能使学生的求知欲由潜伏状态转入活跃状态，有力地调动学生思维的积极性和主动性。

例如，有位数学老师在讲对数计算时这样导入：“用一张报纸对折50次，你们想想大概有多厚？”（提问新颖）生：“怕有几尺厚吧。”师：“差远了，你们尽量往多的地方想。”（悬念引入）生：“能有几丈吗？”师：“再大胆些。”（步步引入）生：“总不能有几百米吧？”（思中生疑）师：“你把对折50次以后的这叠纸放在地面上，另一头就远远超过月球了。”（这时，几乎没有一个学生相信这个结论。结论惊人，难以置信。）师：“不相信就算算。”（引入新课）学生再也憋不住了，个个紧张地进行对数计算（顺利自然）。

运用这种方法需要注意，悬念的设置要从学生的“最近发展区”出发，恰当、适度。不悬，难以引发学生的兴趣；太悬，学生百思不得其解，都会降低学生的积极性。只有不思不解、思而可解才能使学生兴趣高涨，自始至终围绕问题，步步深入领会问题本质，从而收到更好的教学效果。

5. 妙趣横生，灵活多变

以趣味导入，主要可以采用故事式导入、游戏式导入、谜语式导入三种常见的方式，增强课堂的趣味性、生动性，并以其生动有趣、灵活多变，受到学生的喜爱。

一是故事式导入。讲述陆游和唐婉的《钗头凤》，可以讲述陆游和唐婉的凄美的爱情故事，不仅增强了趣味性，切合了学生的兴趣点，而且能够加深学生对于诗词内容的理解。

二是游戏式导入。小孩子天生爱做游戏，教师可将游戏有机地运用于课堂教学，利用游戏的无意注意的特性，引导学生形成正确的学习方法和良好的学习习惯，有利于化难为易。比如，教学“20以内的进位加法”时，在课前可设计用“凑十法”找朋友的游戏，组织学生在游戏中自由交流、自由活动、自由表达，所带来的会是兴趣、欢乐和自由的学习氛围，有助于突破教学难点。

三是谜语式导入。上《蜘蛛》这一课时，先让学生猜谜：“南阳诸葛亮，稳坐中军帐，摆起八卦阵，单捉飞来将。”谜面很简单，学生很快就猜着了。再提两个问题：蜘蛛以食什么为主？它是怎样吐丝的？由于蜘蛛是学生比较熟悉的，他们的积极性将很快被调动起来，就连那些语文成绩差的学生也会参与议论。

**(二)结课技能的方法**

1. 归纳总结式结课

归纳总结式结课是教学中常用的结课方法。它要求执教者用准确、简洁的语言，提纲挈领地把整堂课的主要内容加以总结、概括和归纳，给学生以系统、完整、清晰的印象，促使学生加深对所学知识的理解和记忆，培养其综合概括能力。

例如，在讲解完生物课的《开花和结果》一课后，归纳小结花的结构、传粉、受精、果实种子形成的知识网络。学完本节后，你知道花是怎样发育成果实的吗？开花——传粉——受精——结果。结束语：‘正像泰戈尔所说的，果实的事业是尊贵的，花的事业是甜蜜的。然而，由花到果却是一个漫长、复杂而又艰辛的过程。尽管如此，花却深深地知道：‘不经历风雨，怎么能见彩虹。’”

再如，一教师在讲完“细胞的有丝分裂”后，将这节课的知识总结成下列歌诀：

间期复制与合成，DNA 增染色体恒；
前期缩短两体显，核仁核膜渐消散；
中期排列赤道板，形态清晰识同源；
后期分裂着丝点，数目倍增均分完；
末期成丝 DNA 减，核仁核膜又重显；
进入间期复制前，等待下次再重还。

2. 练习巩固式结课

练习巩固式结课是教师精心设计，有针对性地通过口头或书面问答、作业练习、课外思考等手段，使学生进一步巩固知识，并检查教师的教学效果和学生的学习情况的一种结课方式。练习巩固式结课的最主要的优势在于由静态的知识上升到动态的解决问题的层面，增强学生学以致用的能力。

例如，在荀子《劝学》的讲授中，教师授课的重点、难点放置在两个方面：一是理解重要的文言词法和句法现象；二是掌握议论文的结构样式及比喻论证和对比论证两种主要的论证方法。教师在结课的设计上，一是用PPT投射出相应的文言文练习，包括文言文的一词多义、通假字、古今异义及词类活用，《劝学》中出现的判断句、状语后置和宾语前置的倒装句等，让学生快速判断和分析。二是课后作业，从“君子生非异也，善假于物也”和“故不积跬步，无以至千里；不积小流，无以成江海”中任选一句，作为自己的主要观点，按照议论文的结构要求，并运用所学的两种论证方法写一篇议论文。

在这样的结课中，不仅在课堂上落实了文言文的基础知识，而且所留的课后作业又是立足于以读促写，所教的内容与评测的内容相一致，科学合理地检测了所教内容学以致用的能力和效果。

3. 激发感情式结课

激发情感式结课是指教师运用充满诗意的语言，或富有哲理的语句，或言简意赅又情深意长的话语，引起学生的情感共鸣，波动学生的情思之弦的方法，实现教学效果的优化。

例如，一位教师在《人生》的结课中说：“冰心说，不是每一道江流都能入海，但不流动的一定会成为死湖；不是每一粒种子都长成参天大树，但不生长的种子一定会成为空壳。活着，是生命的一种形式，珍惜才是对生命最有价值的修饰。珍惜自己，你就能挟卷滚滚沙石，快乐勇敢地奔流，投进大海温馨博大的怀抱；珍惜自己，你就会破土而出，长成一棵小树，听到黄莺的歌唱。人生是寂寞的，犹如寂然无声的荒野；人生是永恒的，犹如奔流不息的逝水；人生也是辉煌的，如果我们轰轰烈烈地走过一生。让我们走好每一步。”

教师运用这种激发感情的结课方式，往往可以给学生以强烈的震撼。朗朗上口的语言、律动鲜明的节奏、深刻有内涵的表意，容易引起学生的“同感”，收到意想不到的艺术效果。

4. 悬念诱发式结课

悬念诱发式是在课堂即将结束时，教师选择时机设置悬念，引发学生探究欲望的方法。课堂在扣人心弦处戛然而止，引发学生产生继续探究的强烈愿望，让他们带着疑问和如何解决这些问题的强烈愿望结束一堂课的学习，从而活跃学生的思维，激发他们进一步探究、学习的兴趣。

例如，讲光的衍射时，有一位教师以这样的问题结尾："如果光的波长比一般声波的波长还长，那会发生什么现象呢?"这样学生可根据光的衍射的条件及其规律，并结合声波衍射的实际情况，充分发挥想象力——若光的波长很长，则衍射现象会到处可见，那么住房将无阴、阳面之分，"大树底下好乘凉"、"形影不离"之类的俗语将成为谬证，衣服的颜色也将失去意义。

通过这样发散的想象，由于"夸大"设疑，与实际产生强烈的反差，使学生对本来较为抽象的光的衍射加深理解，强化记忆，活跃学习气氛。

5. 启导预习式结课

启导预习式结课是教师根据教学前后章节的教学内容，有意贯穿衔接，既巩固了本节课的教学重点，又引出下节课学习的重点、难点，也为学生的预习指明了方向，为下节课的教学做了铺垫，一举多得，收效显著。

例如，一位教师在《福楼拜家的星期天》的结课时说："今天，我们从课文中学到了一种写作方法，即主要通过描写人物的外貌，刻画人物的性格，表现文章的主题。下一节课，我们要学习一种新的写人的方法，叫做'窥一斑而知全豹'。那么，这是哪篇课文？它刻画的是哪一个人物？是怎么刻画的？这个人物有什么特点？欲知后事如何，且听下回分解。"这就吊起了学生的胃口，激起了他们的求知欲望，为上好下一节课作了铺垫。

6. 画龙点睛式结课

画龙点睛式结课是教师在一堂课结束时，用声情并茂、抑扬顿挫的语言，恰到好处的板书，典型的教学设计，引导学生咀嚼回味，展开丰富想象，促使他们感受到"言有尽而意无穷"的境界的一种教学方法，更是一种教学艺术。

例如，有位教师教《孔乙己》课即将结束，黑板上，"孔乙己"三个字赫然在目。教师问道："孔乙己有脚吗？"学生不假思索地答道："有啊！"教师又问："他在离开我们的时候是用的脚吗？"学生肃然回答："用手。"教师顺势用低沉缓慢的语调说道："孔乙己就是这样用一双满是泥污的手走了，走出了生活的舞台，消逝在人们的视野之中，淡忘在人们的记忆里……"教师边说边随手把黑板上的"孔乙己"三个字从后往前一一擦掉，最后留下一片空白。黑板上留下的一片空白，包含着不尽的潜台词和画外音。

这样的结课设计绝对称得上是一门艺术，教师用符合文本情感和特点的语调、语言，诉说着孔乙己的悲剧，边说边随手把黑板上的孔乙己擦掉。这种留白之举为学生留下了无限的想象空间和莫名的感伤，使教师和学生对人物的悲惨命运产生了极其强烈的情感共鸣，既有对人物的同情，又有对社会的控诉，使孔乙己的悲剧形象在学生的心目中永生难忘。

7. 活动实践式结课

活动实践式结课是采用丰富多彩的课堂活动，巩固、理解、强化所学知识，并希望学生能把外化的知识内化成自己的理解，并通过外在的行为样本表现出来。

例如，教学《小儿垂钓》一诗，可在结课时组织学生进行情境表演活动。首先，将学生分组，各组合作讨论。然后，选派代表上台表演。教师引导全体学生，从表演者的语言、动作、表情及对诗的理解给予评价。

这种活动实践式的结课，让学生在讨论、表演、观赏、评价中一直兴致盎然，一直积极主动地参与学习，听、说、演、议各种能力得以培养，对于学生综合能力和素质的提高大有裨益。但是，应注意时间的分配和考虑结课的意义，保证课堂时间的合理分配。

8. 课外延伸式结课

课外延伸式结课是立足于所学内容的基础上，教师启发学生延伸思维，将课堂的教学内容拓展到更为广泛的领域，进行积极的创造性思维活动。一堂好课不应是学生学习的结束，而应把结束作为一种新的开始，即把结课作为引导学生联系课堂内外的桥梁，让他们把学到的知识能力在课外得到延伸、拓展、充实。

例如，一位教师在学习课文《狼》之后，说道："同学们，《狼》这一课的内容讲完了。我想提出一个问题，请同学们回答。你们小时候，大概都听过《狼外婆的故事》，还学过《东郭先生和狼》吧？今天，我们又学习了《狼》这篇课文，这三个故事中的'狼'在习性上有什么共同特点？"在学生总结"狡猾、会装、凶狠"之后，教师继续问："同学们总结得非常准确。狼的确很狡猾，因此，对狼这种动物的形容都是一些贬义词。谁能说出一些与狼有关的成语来？”学生列举了狼心狗肺、狼狈为奸、狼子野心等成语。教师接着说：“有则谜语说：像狗不是狗，野地四处走，爱吃小动物，是个害人兽。指的是什么？对，是指狼。从这则谜语中，我们可以看出狼的长相与狗相似。但由于性情不同，人们对待它们的态度也全然不同。请同学们在课下写一篇关于狗的故事。”

课外延伸式结课增强了知识的连贯性、认知的深刻性和知识的对比性。这样的课外延伸，不仅扩大了学生的阅读面和知识面，培养了学生的阅读能力、理解能力，而且陶冶了学生的情操，使学生在愉悦的欣赏中得到一次思想品德的洗礼和升华。

## 四、导入与结课技能案例示范

### (一)导入技能典型案例示范

1.《奥斯维辛没有什么新闻》的导入

师：非常高兴今天能有机会和大家共同来学习一篇“新闻”。

(教师板书：新闻)

师：这篇新闻是作者参观“奥斯维辛”集中营之后写作的。

(教师板书：奥斯维辛)

师：作者自称在这个地方“没有什么”新闻。

(教师板书：没有什么)

师：但就是这篇作者自称没有什么新闻的新闻，一经发表便被各大报刊争相转载，并且一举夺得美国新闻界的最高奖项“普利策新闻大奖”，成为新闻史上不朽的名篇。那么，这篇新闻到底特殊在哪里呢？作者究竟运用了什么手法让它具有如此恒久的魅力呢？带着这些思考，让我们一起走进罗森塔尔的新闻名篇《奥斯维辛没有什么新闻》。

评析：导入的方式有很多，温故、设疑、情境、歌曲等多种多样。针对不同的文章，可以选取不同的导入方式，引起学生的注意，唤起学生的学习兴趣，增强学生的学习动机。

《奥斯维辛没有什么新闻》导入新课的方式简单明了，采用拆分式，将题目分为三个部分(“新闻”、“奥斯维辛”、“没有什么”)，分别指出了“体裁”、

“地点”、“题眼”。从题目出发，以此为突破口，不仅有效地导入，也为后面的提问教学奠定了基础。同时，设置悬念，激发了学生对这篇文章的兴趣，为更好地达到教学目标奠定了基调。

(2)《故都的秋》的导入

有一位湖南常德的教师执教《故都的秋》。导入新课时，精心设计了这样一个导语：“‘秋’和‘心’合在一起，就是‘愁’。于是，吴文英有‘何处何成愁，离人心上秋’的诗句；秋风萧瑟，草木摇落，林黛玉写下了《秋窗风雨夕》——‘秋花惨淡秋草黄，耿耿秋灯秋夜长。已觉秋窗秋不尽，那堪风雨助凄凉。’然而，曾经在我们常德生活过的唐代诗人刘禹锡眼中的秋天却是另一番景象：‘自古逢秋皆寂寥，我言秋日胜春朝。晴空一鹤排云上，便引诗情到碧霄。’如果你不信，就到诗墙公园的排云阁去感受吧。看来，秋天的确是一个意蕴深厚的季节，不同的人在不同的情景中是有不同的感受的。那么，现代作家郁达夫笔下的秋天又如何？今天，我们来学习他的一篇脍炙人口的散文《故都的秋》。”

评论：这个导语联系了古人的关于秋的诗词文赋，内容丰富，渲染了课堂气氛。实际上，旁征博引并不是学者的专利。如果一名语文教师有学者的风范，在课堂上引经据典，那么一定会让学生崇拜。

结课是一门艺术，充满着技巧。结课形式多种多样，要求我们在教学实践中善于摸索应用。只要在实践中善于延伸，学以致用，讲究形式多样，注重生动活泼，把科学性和艺术性有机地结合起来，必将收到事半功倍的效果。

**(二)结课技能典型案例示范**

1. 活动实践式结课

例如，在教《卖炭翁》时，让学生们把学过的诗歌回家讲给爷爷奶奶听，学生们都很乐意。此时，又可先在课堂上演示一下，自己扮演年迈耳背的老人，让学生在轻松愉快的气氛中加深对课文的理解。当然，师生之间还可以角色互换，也能很好地起到巩固新知识、培养能力的作用。

又如，教完《鲁提辖拳打镇关西》《变色龙》《驿路梨花》《渔夫的故事》等有故事情节的课文后，让学生把故事讲给同学听。要求学生把课文的故事梗概变成提纲在班上试讲，其他学生作为听众帮助完善。此外，还可以通过朗读的方法，让学生进入课文的情景之中。

评价：上述典型案例均采用了活动实践式结课的方式，运用采用丰富多彩的课堂活动，巩固、理解、强化所学知识，希望学生把外化的知识内化成自己的理解，并通过外在的行为样本表现出来。这样做，不仅增强了课堂的生动性，而且调动了学生的积极性。

2. 游戏式结课

在讲授“面积的认识”时，结课环节是这样安排的：

师：下面，我们来做个游戏好不好？

生：(兴趣盎然)好！

师：老师说一下游戏规则。老师有几张长方形纸，请大家用数方格的方法，数一数它的面积有多大。女同学数的时候，男同学闭上眼睛。男同学数的时候，女同学闭上眼睛。方格数好后记在脑里，不要说出来。比一比谁看到的长方形大？

师：为什么你们数的小方格个数不一样，而它们的面积却是一样大的？

生：因为小方格的大小不一样。

师：对，我们要用同样大小的小方格去度量长方形，才能比较出它的大小，也就是要有一个标准，这个标准就是我们下节课要学习的内容——面积单位。

评价：教师用游戏的形式结尾，不仅让学生巩固了对面积的认识，领会了用小方格直接计量图形面积的方法，而且培养了学生的积极情感，提高了进一步学习的兴趣。教材前后连贯，调动了学生学习的愿望和热情，成为学生以后学习新内容的起点，给学生留下悬念，使学生体会到了“欲穷千里目，更上一层楼”的境界。

## 五、导入与结课技能实战演练

### (一)导入技能训练层级

1. 训练目标——教师要在教学实践中不断提高导入技能

(1)转变导入的观念，增强导入意识

⑵增强搜集、整理、学习、设计导入的能力

⑶增强课堂调控的能力

⑷增强客观评价教学活动的能力

⑸深化导入反思，不断精益求精，根据学情适时调整

2. 训练过程

⑴要加强理论的学习和研究。弄清楚什么是导入教学、为什么要导入、导入教学的作用，掌握导入教学运用的依据、原则和导入教学的各种类型。

⑵要对教材内容进行仔细分析和研究。只有对教材熟悉了，才能更好地结合学生的特点，设计和编制更合理的导入教学教案，根据教学任务和教学情况选择合适的导入教学方法。

⑶要不断向优秀教师学习其优秀的导入方法，结合教学实践，不断提高导入教学的技能。导入教学技能的提高也会促进教师的专业成长和发展。

建议方法：见习，实习，听课，观看名师视频，阅读优秀教学设计，与一线老师沟通交流等。

为了更好地提高导入教学效果，光学理论是行不通的，必须结合实践，实践是提高的基础。只有以认识指导实践，以实践推动认识的发展，才能更好地掌握导入教学的设计和运用。

⑷编写教学设计，特别是导入的设计

认真思考：

①为什么选择这种导入方法？导入方法与课题内容、目标有何关系？导入方法的选择应该有一定的依据，一般应根据学科、教材和学生的特点以及教师自身的素质和设备条件综合考虑。从出发点及效果来看，导入方法的选择有利于课题的导入和目标的实现。

②你的导入方法是如何促进学生学习的？这也就是导入方法的作用：或通过激发兴趣，促使学生主动追求知识；或以旧引新，从新旧联系的角度实现学生知识的过渡；或创造情境，从而激发学生的思维和情感，使学生在潜移默化中进入新课的学习。

③选材是否恰当？是否注意了导入技能的执行程序？选材是否恰当，主要是指与目的是否相符和能否为实现目标服务。如要激发兴趣，材料是否有

趣？此外，在具体导入的过程中，还应注意导入的执行程序，不能无的放矢或随意为之。

④能否用多种方法导入？在设计教案时，也可以根据内容展开联想，从多种角度考虑导入的各种方法，其中哪种你最擅长，在何时运用效果最好，从而择优汰劣。这样做，不仅有利于导入的实践，也能帮助你提高导入技巧。

⑤教案是否紧凑？逻辑是否严密？各个部分、各个环节应该结构紧凑、衔接紧密，不拖沓、不松散，能在有限的时间内取得最好的效果。另外，还要注意语言、内容之间的逻辑关系，做到言之有理、持之有据、论证充分、推理严谨。

⑸导入实践

①组成微型课堂。由教师、学生、评价人员、操作人员等组成，课堂可以由5至8人组成，也可用大班形式进行。

②导入实践。受训者按照教案和计划进行教学，开始导入实践，时间一般为5至10分钟。上课之前，受训者要对导入内容、目标及设计作一简短说明，让评价人员预先有一个大致了解，以便更好地记录和评价。

③课堂记录。记录与导入同时开始。方式有两种，即声像记录和文字记录。前者由操作人员负责，后者由评价人员个别进行。如果条件许可，最好采用录像，因为它比文字更加准确、真实、生动和完整，便于反馈和评价。

⑹教学反馈

导入实践结束后，重放录像，受训者进行自我分析。分析时，主要应把握以下几点：

①导入实践与编写的教案、开始的设计和实际设想有哪些不同？

②在实践过程中发现了哪些问题？

③谈谈自己的体会和感受。

自我分析之后，指导教师和评议组的其他成员要根据观察和记录，从不同的角度对实践过程加以分析和评价。在评价过程中，必须遵循两条原则。一是严格要求与尊重鼓励相结合。对各个方面都要从严要求，但评价时必须认真、诚恳，切忌嘲笑和挖苦。二是长善救失。既要指出优点，也要看到缺点。尤其在开始时，要以总结优点为主。这样就能使被受训者树立信心，为今后的实践打好心理基础。

3. 自我评价量表

| 评价指标 | 权重 | 评价等级 | | | 得分 |
|---|---|---|---|---|---|
| | | 优 | 良 | 差 | |
| 目的明确 | 2.0 | | | | |
| 方法恰当 | 2.5 | | | | |
| 注意集中 | 1.5 | | | | |
| 气氛活跃 | 2.5 | | | | |
| 衔接紧密 | 1.5 | | | | |
| 总　计 | 10.0 | | | | |

4. 课堂导入教学中应该注意的问题

(1) 导入教学是完成课堂教学任务的前提和基础。

(2) 导入教学影响课堂教学中学生心理活动的变化。

(3) 导入设计时，要结合学生的心理特点。

(4) 在导入过程中，要根据课堂情境注意方法变换。

(5) 在导入过程中，要不断加强导入教学的设计和运用技能。

**(二) 结课技能训练层级**

1. 训练目标——教师要在教学实践中不断提高结课技能

(1) 转变结课的观念，重视结课的作用。

(2) 根据教学内容，适时调整结课方法的运用。

(3) 增强客观评价教学活动的能力，对结课的效果进行正确的评估。

(4) 加强反思，结课方法的选择与教学目标和教学内容是否适切。

2. 训练过程

(1) 要加强理论的学习和研究。明确结课的概念界定、结课的心理学依据、结课的原则、作用和方法，为结课技能的提高做好充足的理论准备。

(2) 要对教材内容进行仔细分析和研究。只有熟练、深刻地把握教学内容，才能更好地结合学生的特点，设计和编制更合理的结课方案，根据教学任务和教学情况选择合适的结课类型。

⑶要不断向优秀教师学习其优秀的结课方法，结合教学实践，不断提高结课教学的技能。结课教学技能的提高也促进着教师的专业成长和发展。

⑷选取不同类型的教学内容，根据新课程标准、学生的特点、考情、学情，准确分析教学内容的类型，设计有针对性的结课方案。

以语文教学为例，首先对不同的教学内容分类，可以选择任意一种分类标准，如散文、文言文、科技文、小说等不同文体的结课，要明确散文侧重于阅读感知和情感体验、文言文需要落实词法句法现象、科技文迅速捕捉寻找信息的能力、小说应注重情节与人物。其次，根据分析出的教学重点、难点，寻找结课的立足点。例如，散文可以采用激发感情式结课，文言文可以采用练习巩固式结课，科技文可以采用归纳总结式结课，小说可以采用悬念诱发式结课或画龙点睛式结课。

以上所例句的方法并不唯一，旨在传递一种理念，要让我们的结课落到实处，发挥结课的应有之义。

3. 自我评价量表

| 评价指标 | 权重 | 评价等级 | | | 得分 |
|---|---|---|---|---|---|
| | | 优 | 良 | 差 | |
| 结课目的明确 | 1.5 | | | | |
| 表达清楚，重点突出 | 1.0 | | | | |
| 符合结课的基本原则 | 1.0 | | | | |
| 结课作用明显，可观测 | 2.0 | | | | |
| 学生互动和反馈 | 1.5 | | | | |
| 时间恰当、紧凑 | 2.0 | | | | |
| 结课创新、特色明显 | 1.0 | | | | |
| 总　计 | 10.0 | | | | |

4. 教学结课技能中应该注意的问题

(1)在试题设计上，应注重对学生应用所学知识解决实际问题能力的考察。

(2)采取多元化的评价方式，着眼于学生综合素质的提高。

(3)结课的权利可以适时交给学生，体现学生的主体地位。

(4)立足文本，学以致用。

(5)结课是课堂教学中不可缺少的教学环节，在教学过程中起着重要的作用。

# 第三章　课堂提问技能

## 一、真实案例导入

### 问题激起的火花

一位教师讲授《跨越百年的美丽》一课时，首先柔和地问学生："同学们，你们是怎么理解'美丽'这个词语的？你们在生活中见过什么很美丽？"学生积极发表自己的看法。有的说："美丽就是看起来很舒服，很吸引人。比如，春天田野里美丽的油菜花。"有的说："美丽还指人的外表美，人人喜爱。比如一些明星，我们就觉得她们很美丽。"接着，教师小结发言："是的，花儿艳丽，让人赏心悦目；蓝天白云很美丽，让人心旷神怡；险峻的山峰很美丽，让人肃然起敬；人很美丽，面目清秀，五官端正，人见人爱。同学们有一双善于发现美的眼睛，能深刻地感受身边美丽的事物。但这些都是外在的美。随着时间的流逝，美丽的事物可能也会逐渐黯然失色。但是，有一种美丽，即使跨越了百年之久，却依然散发着迷人的魅力。"接着，板书课题。

教师说："这就是今天我们学习的一篇新的课文《跨越百年的美丽》，一起来读读这个题目。"(学生读题)然后，引导学生质疑问难："看了这个题目，你有什么问题要问吗？"学生思考、议论，经过教师的精选，对以下问题进行阅读讨论：为什么这种美丽能跨越百年？这是一种怎样的美丽？为什么要以跨越百年的美丽为题？跨越百年是多长时间？

接下来，学生带着这些自己提出的问题初读课文，整体感知，细读课文，品味美丽。学生既训练了语言，又感受了人物的品质美给人的无穷的震撼。

一个精心设计的问题激起了学生阅读思考的兴趣，引领学生读书、思考、讨论。从词语到句子，从形式到内容，从语言到情感，学生在教师的点拨、引领、鼓励下，细细品味、感悟、交流，从心灵深处流淌出动听的乐声。学生带着问题进入学习状态，对学习的促进能产生四两拨千斤的作用。

现代思维科学认为，思维过程起始于问题的形成和确定，任何思维过程总是指向某一具体问题的。没有问题，思维就成为无源之水、无本之木。创新始于问题。纵观我们的一切教学活动，可以说都是以解决问题为出发点和归宿的。因此，提问也就成为从古至今中外教育家一致认同的一种教学方法和教师必须掌握的基本教学技能。重视学生的思维发展，为思考而教学是新课程所提倡的重要目标之一。课标明确提出，改变课程实施过于强调接受学习、死记硬背、机械训练的现状，倡导学生主动参与、乐于探究、勤于动手，培养学生搜集和处理信息的能力、获取新知识的能力、分析和解决问题的能力及交流与合作的能力。新课堂特别强调创设基于问题探索的对话情境，提倡运用质疑将学习内容巧妙地转化成基于问题研究的探索模式，有效创造思维教学发生的契机，将学生引领到主动求知、深入探索的路途上来，让学生在研究、比较、发现、创造、发展等一系列学习行为的基础上，层层深入、水到渠成地自己获取结论。

## 二、课堂提问技能理论指导

### (一)提问技能的内涵

提问是一项具有悠久历史渊源的教学技能。我国古代教育家孔子就常用富有启发性的提问进行教学。孔子认为，教学应“循循善诱”，运用“叩其两端”的追问方法，引导学生从事物的正反两方面去探求知识。他还认为“不愤不启”、“不悱不发”，要利用适当的问题引发学生的思考，提高教学的效率。古希腊哲学家苏格拉底也是一位提问高手，他使用“精神产婆术”的方法进行教学，通过不断提问让学生回答，找出学生回答中的缺陷，使其意识到自己结论的荒谬，通过再思索，最终得出正确的结论。

在新课程下，教师课堂提问技能是指以新课程理念为指导、以培养学生的问题意识为核心、以发展学生思维和创新能力为目标的一种利用有效性问题引发课堂教学中师生开展多边交流、思考、研讨、探究等活动的促进教师专业化可持续发展的专业教学技能。“以学生为主体”的教学理念倡导任何教学技能的使用都应从教师的教和学生的学这两方面出发，教师的教的最终目的是为了学生独立地、创造性地学。对学习者来说，学习过程实际上是一种提出问题、分析问题、解决问题的过程。课堂教学提问技能的使用目的在于通过教师的提问和引导，促进学生积极思维，掌握思维规律，形成问题意识，学会在自己的学习过程中自主地提出问题、分析问题、解决问题，最终形成独立学习的能力，成为终身学习者。

**(二)提问技能的功能**

教师课堂教学提问的主要功能表现在两方面：一是教师教学中的功能，如传递信息、反馈信息、调控教学；二是学生学习中的功能，如激发兴趣、促进思维、发展语言、引导方向、巩固强化。具体来说，主要有以下几方面的作用：

1. 激发学生的学习动机和兴趣

孔子强调，“不愤不启，不悱不发”，“知之者不如好之者，好之者不如乐之者”。提问能够激发学生的好奇心，能引起学生浓厚的情感和志趣，使学生产生探究的欲望，迸发学习的热情，产生学习的需求，进入“愤、悱”状态。

2. 促进学生学习

学生的思维是从问题开始的，疑问是思维的启发剂。提问能帮助学生复习巩固所学的知识和技能，提示教学重点，分散教学难点，促进学生对教材内容的记忆。教学中的巧妙提问，可以一下子打开学生思想的闸门，起到“投石冲开水中天”的效果，引起学生认识上的矛盾，从而促进学生进行探究，发挥其主观能动性，使其智力和能力都得到不断的发展。

3. 平稳过渡

每一科目的教学内容，其各个组成部分之间都相互联系，并以一定的方式关联在一起。提问可以为学生理清思路，把握学习内容之间内在的逻辑关系，实现教学内容各组成部分之间的平稳过渡。

4. 为学生提供参与机会

提问是课堂上的一种召唤、动员行为，是集体学习中引起相互活动的有效手段。提问给学生提供了一个流露情感、发表看法，与老师和班级其他成员沟通、交流的机会。学生通过聆听他人对问题的回答，展开争论，从而开拓自己的思路，便于对学习内容进行梳理、理解、记忆。总之，提问给学生提供了一个参与教学过程的机会。

5. 培养能力

提问可以培养学生的思维能力、口头表达能力和交流能力。课堂提问能引起学生的认知矛盾并使学生产生适度的紧张，从而引发学生积极思考，引导学生思维的方向，扩大思维的广度，提高思维的深度。学生在回答问题时，需组织语言，以便能言之有理、自圆其说，锻炼口语表达能力。同时，在与教师和其他学生探讨问题、寻求解决问题途径的过程中，培养了与他人交流、沟通的能力。

6. 反馈教学信息

提问过程是一个教师“教”与学生“学”的双向过程。教师通过对学生回答问题情况的了解，检查他们对有关问题的掌握情况，便于教师和学生及时把握教学效果，调整教学方式和学习方式。提问还是教师诊断学生学习困难的有效途径。必要时，教师要采取一定措施，对已经学习过的在学生中仍然存在疑难的知识，进行不同方式的辅导。同时，学生也可以从教师那里获取评价自己学习状况的反馈信息，改进自己的学习态度、方法，使自己的学习更具有成效性。

7. 管理课堂教学

教学活动是教师和学生共同参与的双边活动，其中也包括师生间的情感交流的活动。提问可以活跃课堂气氛，促进师生之间的情感交流，吸引学生的注意，有助于课堂教学活动的顺利进行。因此，提问是进行课堂教学管理，维持良好课堂秩序的常用手段。

**(三)提问的原则**

1. 提问应有充分准备

“凡事预则立，不预则废。”在课前，教师要做好提问的准备，根据不同的教学目标，在吃透教材和学生的基础上，设计不同类型的问题；针对不同层次的学生，设计不同水平的问题；要紧随所学的关键内容，紧扣主题，以点带面，体现精、深、细、活，不要即兴提问、随意提问，避免问题漫无目的，偏离课堂教学中心，偏离目标。

2. 提问应以学生为中心

在课堂教学中，教师的任务不是直接向学生提供现成的真理，而是通过问答甚至辩论的方式来揭示学生认识中的矛盾，最终经由教师的引导或暗示，由学生自己得出正确的结论。教师应该通过提示、探究、转引、转问、反问等手段引导学生积极思考，自己得出问题的答案。教师应该以学生的口吻来提出问题，这样容易被学生接受。

3. 提问应少而精

在促进学生思维发展方面，问题的质量要比问题的数量更重要。教师应对设计的问题反复推敲，做到少而精。一般来说，在一节课中，教师提问不宜过多，以提三至五个能真正触发学生思考、反映教学重点的关键性问题为宜。

4. 提问应兼顾各种类型的问题

不同类型的问题可用于培养学生不同的能力。提问时，教师应该注重问题框架本身的层次性，从学生的认知规律出发，根据循序渐进的教学原则，分层次、有梯度地设问；要做到由浅入深、由易到难、由简到繁，层层递进、步步深入，为学生创设思维的阶梯，力求将学生引向求知的新高度。

## 三、课堂提问技能应用方法与要求

### (一)应用方法

课堂提问是教师和学生的双向活动。就教师而言，应是从教学目标出发，根据学生已有的知识与能力及心理素质水平，向学生提出有价值的问题；就学生而言，应是对教师讲授的内容或教材中的疑惑之处提出问题或提出自己的见解。另外，还应从学生实际出发，根据学生的知识水平与心理特点，找出能引发他们思维的兴趣点来问，使提问真正问到学生的“心坎”上。

1. 温故知新

苏霍姆林斯基说：“有经验的教师一般都是从学生已知的东西讲起，善于从已知的东西中，在学生面前提示能够引起他们的疑问的那个方面，而疑问的鲜明的情感色彩则会产生一种惊奇感，引起学生探索奥秘的愿望。引导学生从平常的、习惯的、随时随地可见的东西中看出不平常的东西来。”新旧知识衔接处一般是学生学习的起点，是学习内容的迁移点。“问”在新旧知识的衔接处，符合学生的认知规律，让学生在复习旧知识的基础上，把新旧知识进行对比，找出它们之间的差异和联系，既做到了温故知新，又培养了知识的迁移能力。教材内容在编排上具有很强的逻辑性，前后单元、章、节之间具有一定的内在联系。因此，在学习新知识时，可以通过提问引导学生再现旧知识，自然过渡到新知识的学习上。这种提问方法主要用于新课的导入和对一节课中具有连续性或可比性的前后知识点的分析上。如一位教师在习作指导“写一只自己喜欢的动物”时，先让学生回忆《翠鸟》的写法。课文先写翠鸟的外形，再写翠鸟如何等候鱼的出现，如何灵活地捉鱼。特别是描写外形的比喻句与描写动作的词语选择，恰当、贴切、生动，让人如见了真的翠鸟一样。这样回忆以后，教师马上引导学生，你该从哪些方面写你喜爱的动物呢？然后，让学生根据自己的选择写出表达提纲。引导学生的思维由范文的方法渐进地转移到对新题目的理解上，这样的提问可以促进学生积极思考，提高思维水平。这比教师从嘴里直接说出答案来要深刻，会留下更深刻的印象。

2. 突出重点

“重点”是指每节教材中最核心、最关键、最有现实意义的知识点。要求学生掌握教材重点知识内容是教学的基本要求。一般说来，教材每一节的内容只安排一课时，但有些章节知识涵盖面大，知识点多，如果教师在课前不做好充分的教学设计，就很难完成教学任务。所以，教师在教学设计时，应紧扣重点，调整或改编“教材”，确定哪些知识应该重点讲、哪些知识只需简略讲，然后再考虑如何教、用什么方法教。有些重点知识比较枯燥，很难靠学生的积极性去主动把握，若仅凭教师的讲授，学生既难以理解，也容易忘记。这时，教师不妨在重点处创设情境，巧妙设疑，激励学生带着问题、怀着探索的心态去探究。杭州市十三中王芝平老师在执教《与山为邻》一课时，把教材处理成三个环节：首先是感受与山为邻的家，接着是探究与山为邻的家，最后是展望与山为邻的家。其中，以天山山地为例，通过探究与山为邻的家来让学生理解天山山地的游牧和“转场”文化及与山为邻的人们的生产、生活和文化状况，由此体会人与自然的和谐是该课的重点和难点。为了有效突破该重点，王老师在展示“天山垂直牧场图”的基础上，设计了一组层递式提问：（A）从山麓到山顶自然景观有什么不同？（B）为什么会这样？（C）如果你在牧场，会设计怎样的放牧路线？因为设计的问题由浅入深，有层递性，而且有一定的开放性，尤其是第三个问题的设计，激发了学生的积极参与、踊跃回答的积极性。最后，在学生共同探究回答的过程中，在教师的适当引导下，学生自然而然地认识道：气温、降水是随着山体海拔的变化而变化的，从而形成了天山特有的从山麓到山顶的自然景观垂直变化的特征。而哈萨克牧民正是“因地制宜”地利用天山特有的景观而设计了“转场”，由此，自然得出结论：人与自然应该和谐相处，从而有效突破重点和难点。

3. 开启思维

由于学生知识储备的不足和受消极思维定势的影响，往往会对新知识的理解掌握产生困难，生出疑问。学生思维发生阻碍的地方，往往对知识点的理解具有片面性，认识模糊，这正是教学重点之所在。在进行教学设计时，教师应站在学生的角度来审视教材，潜心研究每节教材中到底哪些是新概念、新知识，哪些是旧概念、旧知识，新与旧之间是怎样联系的。只有分清了新与旧，掌握了新与旧之间的内在联系，才能找准教材中学生认知的障碍处，并灵活巧妙地设计问题，以开启学生的思维。当学生的思维还没有启动的时候，教师的提问会使他们产生悬疑，从而去主动寻求答案；当学生的思维积极向前推进去攻克难点时，教师的提问会帮助他们开辟新的通道，产生顿悟和突破；当学生对思考过的问题进行整理的时候，教师的提问又会使学生的思维有条理地收拢，得出圆满的结论；当学生的思维处在进退维谷的境地时，教师的提问会让学生产生醍醐灌顶之感。如教学“有余数的除法”，无论是教材中，还是上课时，教师往往首先提出的问题是：“现有14颗草莓，平均分给4人，你们会分吗？”事实上，这个问题并不是学生自己的问题。在这之前，学生已经积累了把物体进行平均分的活动经验，在这里，只要把余下的2颗草莓对半切开后再分即可。学生真正的认知障碍在于“由于不能一颗一颗地正好分完，所以不知道怎样来表示除得的结果”。如果我们能瞄准学生的认知障碍，就可以设计这样的问题情境：有12颗草莓，每人分2颗，可以分给几个人？在学生列出除法算式并算出商后，教师将题目改为：“有13颗草莓，每人分2颗，可以分给几个人？”提问：你会列算式吗？你能计算出结果吗？接着，在教师的巧妙追问下，学生会自发动手操作来验证不能分完的事实。这种设计有助于学生的思维指向集中，体验真实、曲折、深刻，有助于有余数除法的意义建构，不但有效而且正当。

4. 激发热情

兴趣是学生主动学习、积极思维的内驱力。孔子曰：“知之者不如好之者，好之者不如乐之者。”由于学生的生理和心理发展不成熟，他们往往不能理性地看待自己的学习和控制自己的学习行为。所以，教学中有效地调控学生课堂学习的感情状态就显得尤为重要。教师设计问题必须新颖别致，注意问题内容和形式的新颖，创设具有趣味性的提问情境，使学生喜闻乐答，在思考作答中增长见识、提高能力。

一方面，教师可以从多种角度设计多样的提问方式。俗话说“文章贵曲不喜平”，学生的思维同样如此。当教师只是一如既往地问“是不是”、“为什么”等平铺直叙式问题时，学生很容易对此类问题产生厌烦，吸引不了他们的注意。如果教师换个角度、换种方式，往往会产生意外的效果。如教学初三化学“二氧化碳”一节，教师提问：“二氧化碳有什么性质？”学生一般都会阅读教材，从书中直接念出答案。这样的问题对于启发学生的思维并无多大用处。如果教师转变提问方式，这样问：“空气中二氧化碳占有多大比例？”“如果去掉这0.03%的二氧化碳，我们的世界会怎样？”通过变换提问，就可以极大地激发学生的思维，把学生带入幻想的世界，同时也唤起了他们深入学习的好奇心。

另一方面，教师要善于创造富有趣味性的提问情境。如一位教师讲“能被3整除的数的特征”时，在黑板上写下来数字“414”，问学生这个数能否被3整除。学生经过计算，作出肯定的回答。教师接着问：“现在我和你们比一比，看谁不用计算就能迅速判断任意一个自然数能否被3整除？”比赛结果总是教师获胜，这就激起了学生极大的求知欲和学习兴趣。

### (二)提问技能应用要求

1. 设问得当

⑴目的性。教师设计问题时，应该服务于教学目标、教学内容，每个问题的设计都是实现特定的教学目标、完成特定的教学内容的手段，脱离了教学目标、教学内容，纯粹为了提问而提问的做法是不可取的。同时，提问还要抓住教材的关键，于重点和难点处提问，以便集中精力突出重点、突破难点。

⑵科学性。为保证课堂提问的科学性，提问要做到：直截了当，主次分明，围绕问题，范围适中，语言规范，概念准确，设计的问题既明确易懂无歧义，又能突出知识的重难点。

⑶趣味性。有效的课堂提问要善于创设情境，将静态的知识动态化，激发学生的学习兴趣，引导学生主动参与学习。联系学生实际的提问，能唤起学生的已有经验并展开联想，引人入胜，扣人心弦，使学生积极投身到问题解决的情境之中。

⑷启发性。教师所设计的问题要能够激活学生的思维，引导学生去探索、去发现。同时，还要适当设计一些多思维指向、多思维途径、多思维结果的问题，强化学生的思维训练，培养他们的创造性思维能力。

⑸针对性。提问要从学生的实际情况出发，符合学生的年龄特征、认知水平和理解能力。有针对性的设问的具体要求包括：问题的难易要适度，符合学生的“最近发展区”；面向全体学生，使多数学生参与，适当兼顾“两头”，并考虑某些特殊学生的个性特点。

⑹阶梯性。按照教材和学生认识发展的顺序，按照由浅入深、由易到难、由近及远、由简到繁的原则对问题进行设计，先提认知理解性问题，然后提分析综合性问题，最后提创设评价性问题。这样安排提问可以大大降低学生学习的难度，使教学活动层层深入，提高教学的有效性。

2. 发问巧妙

⑴明确对象。教师应该针对不同水平的学生提出难度不同的问题，使尽可能多的学生参与回答，实现全体学生都能在原有基础上有所提高的目的。

⑵表述清晰。发问应简明易懂，并不重复，以免养成学生不注意教师

发问的习惯。若某个学生没有注意到教师所提的问题，可以指定另一个学生代替教师提问。如果学生不明白问题的意思，教师可用更明白的话把问题重复一遍。

(3)给予时间。教师发问后，要稍作停顿，留给全班学生思考的时间，不宜匆匆指定学生作答。教师应认识到，提问的目的是引导学生思考，并不仅仅是为了完成教学任务。因此，要站在学生发展的角度，给学生必要的思考的时间和空间。

3. 启发有法

(1)启发诱导的时机

学生回答问题时，教师可抓住以下时机进行启发诱导：

▲当学生的思想局限于一个小范围内无法“突围”时；

▲当学生疑惑不解，感到厌倦困顿时；

▲当学生各执己见，莫衷一是时；

▲当学生无法顺利实现知识迁移时。

(2)启发诱导的方式

▲从联系旧知识入手进行启发。例如，学习计算平行四边形的面积一节，让大家回忆长方形的面积公式并以此推算平行四边形的面积。

▲增设同类，对比启发。例如，在习作指导《我喜爱的一种植物或动物》时，引导学生复习《荷花》或《翠鸟》的写法，引导学生借鉴。

▲读书指导，深入思考。学生回答时“卡壳”，常常是因为没有认真研读教材。因此，要指导学生在读书过程中进行思考，从教材中寻找问题的答案。

▲运用直观手段进行启发。运用直观的教学媒体，如挂图、实物、电影、电视、多媒体教学课件等进行演示，引导学生回答问题。

▲把握教材内在逻辑关系，逐步提问引导。

诱导到这一步，学生会对课文有个整体的掌握，对人物特征有了深入了解。此外，逐步提问引导，还能够帮助学生理清思路，引导学生抓住关键和重点。

(3)启发诱导的态度

▲教师要创设良好的提问环境。提问要注意师生之间的情感交流，消除学生过度的紧张心理，鼓励学生做“学习的主人”，积极参与问题的回答。

▲教师在提问时，要保持谦逊和善的态度。提问时，教师的面部表情、身体姿势以及与学生的距离、在教室内的位置等，都应使学生感到信赖和鼓舞。

▲教师要耐心地倾听学生的回答。对一时回答不出的学生要适当等待，启发鼓励；对错误的或冗长的回答不要轻易打断，更不要训斥这些学生；对不作回答的学生不要批评、惩罚，应让他们听别人的回答。

▲教师要正确对待提问的意外。对答案是否正确没有把握时，教师应实事求是地向学生说明，待思考清楚后再告诉学生或与学生一起研究。当学生纠正教师的错误回答时，教师应该态度诚恳，虚心接受，与学生相互学习，共同探讨。

(4)评价及时

对课堂提问的评价分两个方面：一方面是对学生答问的评价，另一方面是教师对自身教学提问技能的实际运用的评价。

从对学生答问的评价来说，教师的评价能给学生及时、准确的反馈信息，帮助学生调整自身的学习。学生对问题的思考本身反映了学生原有的认知水平。当学生的答问得到教师的肯定，学生已有的认知结构就得到强化；当学生的答问存在漏洞和不足，教师及时的纠正和补充能有效地调整学生的认知结构并使之进一步完善。通过在教学过程中的评价，引导学生从以前的关注学习结构转变为既重结果更重过程，从关注知识技能的记忆转变为关注思维方式方法的学习，从以前的被动接受式学习转变为主动发现式学习。在评价学生的答问时，教师应遵循“鼓励为主”、“重视分析”、“给出意见与建议”等原则。

从对教师自身的课堂提问技能评价来说，教师经常性地对自身的教学进行反思、评价和总结，是理解学生、理解课堂教学、提高自身教学技能和教学水平的有效手段。教师通过对自己整个提问过程的评价，能有效地获得学生学习情况的反馈，了解自身教学的成功与不足，为不断提高自己的提问技能积累经验，从而不断促进自身的专业化成长。

## 四、课堂提问技能案例示范

【案例1】

特级教师于漪在上《孔乙己》一课时提问："凡是读过鲁迅小说的人，没有不知道孔乙己的。鲁迅先生说，在他所写的小说中最喜欢孔乙己。他为什么最喜欢呢？他是怎样以成功之笔来塑造这个艺术形象的呢？当我们读悲剧时，眼泪总是会情不自禁地夺眶而出。可是，我们读《孔乙己》时，眼泪却流不出来，这又是为什么呢？有人说，古希腊的悲剧是命运悲剧，莎士比亚的悲剧是主人公性格的悲剧，易卜生的悲剧是社会问题的悲剧。那么，《孔乙己》的悲剧又是哪一种悲剧呢？"

这样一系列的提问使学生形成了"急盼"、"渴求"的心理状态，可以诱导学生对问题的答案孜孜以求，加速思维。这就是典型的诱导式提问。诱导式提问是运用各种有效方式引起学生对解决问题的兴趣并能指引解决问题途径的提问类型，是最具启发性的提问，能激发学生的求知欲，促进学生的思维发展，引起新旧知识的联系，逐步提高学生的思辨能力和用自己的语言创造性地解决问题的能力。

【案例2】

《愚公移山》中有一句："邻人京城氏之孀妻有遗男，始龀，跳往助之。"其中，"孀妻"、"遗男"等要让学生理解。钱梦龙老师讲到这儿时，设计了一个非常好的提问。他没有直接问："孀妻是什么意思？遗男是什么意思？"而是采用曲问："这个年纪小小的孩子跟老愚公一起去移山，他爸爸肯让他去吗？"

这样一问，学生兴趣盎然，最后弄清楚这个孩子没有爸爸，他母亲是个寡妇，他是个孤儿。同一问题，换个角度，拐个弯提问，引起学生兴趣，活跃了课堂气氛，大大加深了对"孀妻"、"遗男"的理解。课堂上应适当设计几个曲问，这种提问富于启发性，比直问更能激起学生的兴奋点。

迂回提问就是特级教师钱梦龙先生著名的"曲问"，即不直接问要解决的问题本身，而是先绕一个圈，问其他容易回答的“焦点问题”，再绕回来。可以说，找准牵一发而动全身的“焦点问题”是钱氏课堂教学的关键所在。

提问案例很多，不一而足。总之，提问的类型包括：

(一)根据认知水平分类

1. 低级认知问题

(1)回忆(知识)水平的提问

(2)理解性提问

(3)应用性提问

2. 高级认知问题

(1)分析性提问

(2)综合性提问

(3)评价性提问

(二)根据提问技巧分类

1. 诱导提问

2. 疏导提问

3. 台阶提问

4. 迂回提问

## 五、课堂提问技能实战演练

课堂提问技能是教师必须掌握的一种基本的教学技能。技能的形成要经过长期的科学训练才能得以实现，而大部分教师的课堂提问技能的形成与发展多是靠自己在教学实践中积累的经验，并未形成一套科学的训练体系，也缺少自身不断更新的内在动因。因此，其课堂提问技能的发展往往滞后于教学实践本身的发展，不适应今天的新课程教学。对新课程中教师的课堂教学提问技能进行科学、有序、高效的培养和训练，促进教师自身的专业化、可持续发展，已经成为当务之急。

**(一)训练目标**

1. 知识

⑴明确课堂提问的基本要求

⑵了解课堂提问技能的构成要素

⑶学习课堂提问的基本类型

⑷能说出课堂教学中提问的一般方法

2. 理解

能理解设疑和提问在课堂教学中的目的和作用。

3. 运用

⑴能分析课堂教学中设疑和提问的优劣

⑵能针对课堂教学实际设计恰当的疑问及用恰当的方式提出

⑶能有效指导学生提问并恰当地评价

⑷能引导学生提出有质量的问题，形成质疑的良好习惯

⑸课堂提问时能恰当运用提问策略

⑹能正确评价提问效果并自觉走出提问误区

**(二)训练环节**

技能的形成需要经过长期不懈的训练，课堂教学提问的训练也应是一个循序渐进的过程。具体来说，一般应遵循以下几个环节：

1. 明确训练目的，进行理论的学习与研究。掌握教学技能的最终目的是为了更好地指导学生的学习。因此，课堂教学提问技能的训练必须建立在扎实的理论学习基础之上。教师在学习课堂教学提问技能的一般理论知识时，尤其要重视结合先进的教学理念，在掌握教学技能的同时，更应成为一名研究型教师。

2. 观察研究示范教学。学习前人的教学经验是帮助形成并提高教学技能的良好辅助手段。一般教师可以采用几种方式进行观摩并研究，如随堂听课、研读优秀教学案例、观看优秀教学录像。

3. 选择恰当的提问方式进行教案设计。课堂教学提问主要是针对教学内容来设计的，以帮助学生有目的地进行思维和更有效的学习。因此，课前的问题设计是教师提问技能训练的重要内容和环节。在进行教案设计时，教师可以采用备课组的形式进行合作学习。

4. 受训者的教学实践。在教学实践中检验课前的课堂教学提问设计，让教师亲身体验不同提问设计的不同教学效果，使其更深入地把握各种提问类型和提问方法的使用时机、作用和效果。同时，课堂提问技能的运用是为了激发学生思维，以实现学生成为提问主体的最终追求，这也使得教师的课堂提问技能的训练必须面临真实的、多样的课堂情境。唯有如此，才能让教师更进一步地掌握教学提问的方法、技巧和应对多样局面的技能。

5. 教学反思，修改教案。通过教学实践的检验，教师应及时地总结教学中的得失，对教学中提问技能的使用进行反思，认真查找自身存在的不足，并对之前设计好的教案进行进一步修改。

6. 再次实践。根据修改后的教案进行再次教学实践，或针对薄弱环节进行再次练习。通过设计——实践——修改——再实践的循环发展，使技能的训练过程始终处于一个循环上升的状态之中，最终实现教师课堂教学提问技能的科学高效的学习。

**(三)课堂提问技能实练**

1. 分解技能训练

(1)问题设计技能训练

根据自己所教的科目，自选一段教材，根据教学目标要求，分别设计知识、理解、应用、分析、综合、评价这六种不同水平的问题。

(2)引导学生回答问题技能训练

①知识引导回答

什么是梯形？教师引导学生从梯形的定义出发，分析梯形概念的必要因素。第一，是四边形。无论什么样的三边形、五边形、六边形，都不会是梯形。第二，有一组对边平行。没有对边平行的四边形不可能是梯形。第三，只有一组对边平行。这是概念的关键点。长方形、正方向、菱形都不是梯形。“只有一组对边平行”是梯形区别于其他四边形的必要条件。这样一步一步引导，就能帮助学生正确、清晰地认识梯形的定义。

②思维方向引导回答

一位教师上《变色龙》一课，引导学生理解题意，逐步引导学生明白文章题目的主旨，理解作者选题的精准。教师是怎样使教学朝着预定方向推进的？教师的关键性回答有哪些？

师：作者为什么用变色龙作题目？

生：因为(警官)奥楚蔑洛夫总是根据情况变换他的说辞，就像变色龙一样，根据环境需要变换色彩。

师：奥楚蔑洛夫为什么总是变换他的说辞？

生：因为他对穷人和对富人的态度不同，对穷人刻薄，对富人奉承、谄媚。

师：奥楚蔑洛夫每次变换说辞的时候，都伴随什么动作或变化？

生：他脱大衣又穿大衣。

师：他为什么要脱大衣又穿大衣？

引导到这一步，学生就会对人物特征有了深入了解。此外，逐步提问引导，还能够帮助学生理清思路，引导学生抓住关键和重点。

(3)评价学生答问的技能训练

比较下面两组教师评价语，说说教师在评价学生答问时应注意什么。

第一组："回答正确！""好！""答对了！"……"不对！""完全错误！""有些对，有些错。"

第二组："很有实感，感情充沛！""句子造得不错，'仿佛'这个词用得很有神。""你观察得很仔细，把爸爸的形象说得活灵活现。老师听了你的描述，就像亲眼看见了你爸爸。""让我们祝贺这位同学回答完全正确：不仅说出了四边形的定义是什么，还举了若干四边形的例子，再扣住例子解说四边形定义，思维清晰准确！"

2. 教例评析

下面是一位历史教师一段"秦汉科技发展"一课的教学实录：

师：今天，我们一起来学习第17课的内容：先进的科学技术。首先，请同学们回忆秦汉时期的亚欧形势。

生1：秦汉时期是我国历史上的大一统时期，它结束了春秋战国以来诸侯争霸的历史局面。

生2：随之而起的汉王朝，再加上当时中国周边各民族的活动范围，其疆域更为辽阔。

生3：中国古代称之为大秦帝国，与此时西方兴起的罗马帝国形成了东西称雄的局面。

师：你们说得真好。所以，这一时期欧亚大陆上几乎同时出现了安定的局面。统一和安定的这种政治形势为经济的发展提供了必要的前提。那么，秦汉时期我国的文化发展到了一个什么样的水平呢？今天，就让我们一起看一看。(操作电脑)好！同学们请看这张图片(屏幕：中国科技馆)。同学们知道这是哪里吗？

生(齐声)：中国科技馆。

师：今天就让我们到秦汉科技馆中，让我们领略一下秦汉科技的发展。我们的秦汉科技馆是一个虚拟科技馆，分为三个展厅。让我们首先进入四大发明馆。好，哪个同学能给大家说一说我国古代的四大发明有哪些呢？(学生举手)呵，有这么多同学举手。那么，请XX同学说吧。

生：有造纸、印刷、指南针和火药。(学生举手)

师：应该这样讲，造纸术的发明与文字的发明一定有关系。(学生齐答：是)嗯，那么，请同学们回忆一下在造纸术出现以前，我们的文字都曾经出现在什么地方呢？(停顿)我们回忆一下。我们找前面这个组的同学，你来说说。

生：出现在兽骨上。

师：他说出现在兽骨上。很好，还有没有？我们接着思考。这个组的吴同学说说看。

生：竹签上。

师：他说竹签上。那么，有同学给他订正了，是竹简，还有没有？请王同学。

生：刻在石头上。

【思考与分析】请分析这段实录中包含了几种提问类型，都取得了什么样的教学效果。善问是一门艺术，你在课堂教学中是怎样问的？举一实例加以说明，或学习这位老师的提问方式，试着设计一个教学提问的方案。

## (四)提问技能评价量表

提问设计技能训练评价量表

| 评价指标 | 权重 | 评价等级 | | | 得分 |
|---|---|---|---|---|---|
| | | 优 | 良 | 差 | |
| 1. 提问具有目的性 | 2.0 | | | | |
| 2. 提问具有科学性 | 2.0 | | | | |
| 3. 提问具有趣味性 | 1.5 | | | | |
| 4. 提问具有启发性 | 2.0 | | | | |
| 5. 提问具有针对性 | 1.5 | | | | |
| 6. 提问具有阶梯性 | 1.0 | | | | |
| 总　计 | 10.0 | | | | |

# 第四章　课堂讲授技能

## 一、真实案例导入

### 传统方法历久弥香

一位教师在上《长城》一课时，首先借助课件讲解了有关长城的建造年代、地理位置、建造目的、历代修建等相关知识，通过知识了解增强学生学习的兴趣。接着，教师让同学们自由朗读课文，提出疑问。在进一步朗读课文，引导学生解疑、释疑的过程中，教师引导学生一边读书，一边借助图片介绍长城的结构功能。在品读第三自然段时，教师还朗读了历史学家阐述的有关建造长城的历史故事，学生进行想象、听故事和朗读。教师特别注重引导学生学习本课看到的与联想相结合的写法，通过读写结合提高学生的写作技能。整堂课既有引导学生写法学习(看到的与联想紧密结合)，还有适时的朗读指导，既启发了兴趣，又及时突破了教学的重点、难点。最后，教师以讲演式话语结束本课："同学们，古代劳动人民在非常艰苦的条件下，以其特有的勤劳与智慧创造了历史的奇迹，给中华民族的历史文化增添了灿烂的一笔。今天，我们中华民族以更加崭新的姿态屹立于世界的东方，正走在民族复兴的康庄大道上。这个复兴的重任需要几代人的努力奋斗，包括你们，必须肩负起这个时代的重任。让我们刻苦锻炼，创新进取，实现中华民族的伟大复兴，让世人用更为仰慕的眼神看待中华儿女。"

本堂课综合运用了讲授法与朗读法，更好地增强了课堂教学效率。1632年，捷克的理想家、教育家夸美纽斯在《大教学论》中认为，教学是"把一切事物教给一切人类的全部艺术"，并确定了班级教学的基本轮廓，讲授法得到充分的肯定。1806年，德国的赫尔巴特的《普通教育学》提出著名的“形式阶段理论”，将课堂教学划分为明了、联想、系统、方法四个阶段，班级授课制得以进一步完善并基本定型。这一理论后来被他的学生发展成“五段教学法”，更强调了教师系统的讲授作用。1939年，苏联的凯洛夫在《教育学》中指出，课堂教学是学校工作的基本组织形式，并对赫尔巴特的“五段教学法”进行改进和修正，使班级授课这种组织形式形成一套完整的体系，教师的系统讲授得到进一步发扬。

## 二、课堂讲授技能理论指导

### (一)讲授技能的内涵

讲授是最悠久的教学方法，也是古今中外教学活动中最基本、最传统的教学方法。讲授法是指教师通过口头语言向学生系统讲授有关知识和技能的一种教学方法。它主要通过叙述、描绘、解释、推论等引导学生了解现象，感知事实，理解概念、定律和公式，从而使学生认识问题、分析问题、解决问题，并促进学生智力与人格的全面发展。

讲授技能是课堂教学诸多技能中的一种基本技能，是指教师从具体的教学实际出发，为完成一定的教学任务而灵活运用讲授方式的技术手段，是教师通过精当的语言，向学生传授知识的一种高度娴熟的心智技能。教师的讲授技能的发展必须是在一定的教学理论的指导下，在教学实践中反复练习而逐步形成的。讲授技能是进行教学活动的最重要的技能之一，几乎所有的教学活动都不能没有讲授技能的介入。

### (二)讲授技能在课堂教学中的功能

1. 启发学生思维，发展认识能力

运用讲授技能从生动的直观到抽象的推理，使学生从感性认识上升到理性认识，并认识事物的本质和必然联系，同时培养了学生独立发现问题、分析问题、解决问题的能力。

2. 培养求知兴趣，激发学习动机

学生的学习是一种积极能动的活动，它是在学生的各种心理动机(如认识、愿望、理想、情感等)的影响下进行的。诱发学生的学习兴趣是激发学习动机的有效方式。学生对所从事的学习活动感兴趣时，总伴随着一种积极的、愉快的情绪体验，从而维持这一活动的持续和深化，并克服重重阻力，保持注意的意志努力。因此，教师应采取多种方式，调动学生的学习积极性，而讲授技能便可创设饶有趣味、引人入胜的情境，具有培养学生求知兴趣，激发学习动机的功能。教师通过趣味性的讲解、幽默风趣的语言，化单调枯燥为生动活泼，引人入胜，把学生的好奇心引导到学习上来，激发学生学习的积极性和主动性，使学生自觉地控制自己的注意力，变“要我学”为“我要学”。

3. 促进学生学习，构建知识体系

美国教育心理学家奥苏伯尔认为，新知识的获得主要依赖原有知识结构中固有的适当观念。同时，还必须通过新旧知识的相互作用来实现。学生所学的各个学科都有其基本结构，即该学科的基本概念、原理和规律的系统，也就是我们通常所指的基础知识。教师在传授新的学习内容时，需利用学生已有的表象，进行正确清楚、生动易懂的讲授，以学生过去形成的概念为中介，解释新的知识、新的概念，使新的学习内容成为已学过内容的合乎逻辑的发展。通过讲授技能，把过去所学的内容不断纳入新的学习内容体系中去，在学生认知结构中原有的观念和新的知识之间建立起实质的联系，形成完整的体系，以加深对新概念的理解。

运用讲授技能可使新旧知识前后联系，一脉相承，使知识系统化，形成完整体系，有助于学生认识结构的发展，从而取得较好的学习效果。

4. 进行思想教育，提高审美情趣

教师若能深入挖掘教科书中蕴含的丰富的思想教育内容，密切联系实际运用讲授技能，抒发真情实感，使学生受到感染和教育，就能起到良好的德育渗透的作用。运用讲授技能还可以进行审美教育。教师在讲授知识的过程中，通过传递美的信息，感染学生进行审美想象，认识事物中美的内涵，培养学生的审美情趣和鉴赏美的能力。

**（三）新课程下应用讲授技能的目的**

1. 讲授的终极目的是促进人的全面发展

教育是一种培养人的活动，学校是培养人的场所，教师不能把学生当作学习的机器，简单地“填”、“灌”了之，而是培养有血有肉、适应社会、终身发展的人。

人的发展是新型教育结构中的核心问题。作为一名教师，要站在育人的角度进行讲授教学。在教学中，要重视学法指导，重视思维训练，这样必然会使学生终身受用，必定有利于学生的一生发展。

2. 讲授的最高境界是勿需讲

叶圣陶先生说过：“讲是为了不讲。”德国教育家福禄倍尔也说：“儿童有着强大的驱动力和创造力，教师的任务就是管理和引导他们，把他们的驱动力和创造力用于值得从事的活动中。”古人说：“授人以鱼，不如授人以渔。”这就要求教师在讲授过程中不能一味灌输，必须让学生积极主动地参与学习的过程。教师应对学生进行必要的启发与指导，引导学生进行尝试和自我领悟，自我探求新知。

3. 讲授的基本目标是让学生好学、想学、会学

新课程下的讲授目的就是让学生好学(懂)、让学生想学(美)、让学生会学(能)。

(1) 让学生好学。从教师对教学内容的作用来看，“让学生好学”就具体表现为：让知识变得好懂一些、好记一些、好用一些。从教师对学生的作用来看，“让学生好学”就具体化为“指导学生在学习过程中保持正确的方向、沿着正确的道路前进”。让学生好学，须把握“懂”字。所谓“懂”，就是能把对象分解成一些已知的、熟悉的、可接受的“点”，又能在这些点之间找到已知的、熟悉的、可接受的“线”。

(2) 让学生想学。从教师对教学内容的作用来看，“让学生想学”也就是要让知识变得具有吸引力。从教师对学生的作用来看，“让学生想学”就是要让学生觉得学习是一种迫切的需要，产生强烈的求知欲，并体会到学习是一种乐趣和享受。“让学生想学”，关键就是要把握一个“美”字。美是能使人产生愉悦感受的客观世界中的因素。“北国风光，千里冰封，万里雪飘”体现的是大自然的美，让人震撼；“雷锋出门一千里，好事做了一火车”，这是一种真与善的美；桃花源里，男耕女织，那是一种和谐美。

(3) 让学生会学。学生学习方式的改善有赖于教师教学方式的变化。在

讲授的过程中，切忌把学生当作知识的容器，而应时时刻刻注意启发学生的心智、引导学生学习、提升学生的学习能力。正如杜和戎教授所指出的，“让学生会学”就是要帮助学生提高学习能力、改进学习方法，让学生善于动脑去想、惯于动手去做。从教师对教学内容的作用来看，“让学生会学”就是要提炼和整合知识，让知识变得更有利于提高能力和改进方法。从教师对学生的作用来看，“让学生会学”就是要帮助学生提高能力和改进方法。

**（四）新课程下应用讲授技能的原则**

1. 启发性原则。孔子说：“不愤不启，不悱不发。”教师的讲解必须更具启发性。在讲授过程中，教师要以课标为指导，从教材实际出发，根据知识间的逻辑顺序和学生认知规律，有目的地设置有内在联系、条理清晰、层次分明、环环相扣、层层深入的问题系统，使学生的思路在教师的启发诱导下徐徐发展、不断深入。这种科学的讲授方法，会使学生在复习旧知识的基础上，加深对新知识的理解。这对发展学生的思维能力无疑是非常有益的。

2. 吸引性原则。一段精辟独到的阐述，让人终生难忘；一个贴切生动的比喻，引得学生开怀大笑，茅塞顿开；一句幽默的点评，使大家既放下包袱又羞惭不已；一段声情并茂的讲解，又常常激起学生对老师的崇敬和热爱之情。那动听、明晰的声音就像“润物细无声”的春雨一样潜入学生的心田，把知识和感悟一道带进去。从某种意义上说，教师讲授的能力在很大程度上影响着教学效果。

3. 精准性原则。精准性原则中的“精”是指讲解的内容要少而精；所谓“准”，就是能抓准知识的核心和关键。“精”要求教师在安排教学内容时，精选知识点，集中力量和时间，抓住要点、带动全面。所选取的要点应有深度，处于一个知识结构的核心上，引导学生顺藤摸瓜，实现“以点带面”的效果。“准”是“精”的进一步要求。对学生而言，“准”指的是要抓准难点和薄弱环节。根据学生的心理特点、知识基础和思维规律，摸清他们容易在什么地方出现问题、出现什么问题，予以有效解决。

4. 创新性原则。创新首先要解放思想、转变观点、突破旧的思维定势和讲课套路。其次，教师讲课除了内容新颖外，更要关注新思路、新方法、新手段、新模式。再次，要将讲授与学生的自学、探究、议论、实验、参观等有机地结合起来。要拓宽学生的视野，扩散学生的思维，让学生在了解各种信息之后形成自己的观点。

5. 情感性原则。认识体验总是和感情体验相伴随的。一个优秀的教师不仅能晓之以理，更能动之以情，既能达意，更能传情，切实做到情理交融。情感具有极强的感染力，尤其对于情感丰富的青少年学生来说，恰当使用情感艺术，往往能达到意想不到的效果，能带动学生全身心地沉浸到课堂中来，对学习充满热情，对内容产生共鸣和感动。在《祝福》这节语文课上，讲台上的教师眼圈发红，讲台下的学生更是唏嘘不已，有些学生的眼角还噙着泪花。显然，学生已能深切地感受到祥林嫂的悲惨和不幸。

## 三、课堂讲授技能应用方法与要求

### (一)应用方法

1. 解剖分析法

解剖分析法是指教师根据概念、原理内部结构的成分、特性和内在逻辑关系，把它们分解为若干个点层，逐点逐层分析，逐步揭示概念、原理的内容与实质，从而帮助学生达到完整理解和掌握概念、原理的一种教学方法。

例如，讲授教材中“人民民主专政”的概念，其定义是“工人阶级领导，以工农联盟为基础，在人民内部实行民主，对敌人实行专政的国家政权”。教师可把它分解为三层:(1)人民民主专政是一种国家政权;(2)这种国家政权的阶级特征是实行工人阶级领导，以工农联盟为基础;(3)这种国家政权有两个基本职能，即在人民内部实行民主、对敌人实行专政。简言之，一是政权，二是特征，三是职能。这样分解释义，其内涵与外延都很清楚，学生也容易记忆、理解。

2. 具体——抽象法

具体——抽想法也叫归纳法，是指教师引导学生从概念和原理所反映的事物及事物相互关系的各种具体形式出发，从个别到一般，抽出它们的共性，从而把握概念、原理的内容与本质的一种教学方法。例如，讲哲学上的“物质”概念，具体步骤如下：

首先，教师让学生罗列出自然界中各种各样的具体事物和现象，如日月星辰、山川河流、声光电磁、鸟兽草木等。

其次，引导学生从这些千差万别的事物和现象中概括出它们的共性：不依人的意识而独立存在。

然后，教师再次指导学生罗列出社会领域中的事物和现象，如生产活动、政治活动、科学实验等，并引导学生概括出它们的共性：不依人的意识而独立存在。

最后，教师向学生指出：自然界和人类社会的各种事物和现象都是不依赖于人的意识而独立存在的。就是说，不管人们知道与否、喜欢与否、承认与否，都实实在在地存在着，这就叫做客观实在性。哲学上讲的物质概念，就是指在人的意识之外，并能为人的意识所反映的客观实在。

3. 图示讲授法

图示讲授法是指教师根据概念、原理的内涵、外延、特征和内在的逻辑关系，用图形的方式把它具体形象化，并给予解析和说明，从而达到帮助学生深化理解和掌握概念原理的一种教学方法。图示直观形象，容易吸引学生的注意力，使其产生浓厚的兴趣。教师解释之后，便于学生形象记忆与理解。

4. 温故知新法

温故知新法也叫以旧带新法，是指教师根据知识之间的内在联系和逻辑性，从已知的概念、原理出发，通过判断和推理，引导学生由已知向未知过渡，并达到理解掌握新概念原理的一种教学方法。

例如，讲“犯罪”这个概念时，教师可先让学生回忆学过的“违法”的定义。所谓违法行为，就是违反了国家法律及其他法规的行为。根据违法行为的性质和情节及对社会造成危害的程度，违法行为分为一般违法行为和严重违法行为。此时，教师应明确指出：严重违法行为就是犯罪。这样就使学生对“犯罪”概念有一个清楚的认识：犯罪是严重危害社会、触犯刑事法律、应受刑罚严惩的违法行为。这种从已知推出未知的方法，既可减低学生理解、掌握新知识的难度，又能使学生将所学的知识连贯起来，把握知识的完整性及其内在联系。

5. 举例说明法

举例说明法是指教师通过描述、分析、说明具体生动的事例，达到揭示概念、原理的本质属性及其特征的一种教学方法。简言之，以事明理。它包括正面例证和反面例证。

如讲授“规律的客观性”原理时，教师可通过讲“拔苗助长”的典故来反面例证这一原理。讲完典故之后，可引导学生：那个种田人为什么好心得不到好报呢？生物是否按人们的主观愿望生长呢？然后指出：那个种田人只凭主观愿望，没有遵从事物发展的客观规律来正确对待生物生长，因而受到了客观规律的惩罚。这个典故告诉我们这样一个道理：事物变化发展的规律是客观的，即规律的存在和发生作用是不以人的意志为转移的，它不是人们从外部强加于事物的，也不是人们的意识所赋予的。人们想问题、办事情，不能同规律背道而驰。同时，也不能根据自己的意志创造一个客观上不存在的所谓“规律”，或者改造、消灭仍然在起作用的规律。这就是“规律的客观性”原理。

6. 演绎法

演绎法是指教师从学生已知的一般概念和原理出发，引导学生运用这个一般概念和原理去认识同其有内在联系的具体概念和原理，从而获得理解这个具体概念和原理的一种教学方法。简单来说，就是从一般到个别的教学方法。

7. 变换提示法

变换提示法是指教师根据概念和原理的内容与特点，从不同角度、层次和内在逻辑关系向学生发问或暗示，激起学生积极思考，从而引导学生科学、完整地理解掌握概念、原理的一种教学方法。

8. 双向参与法

双向参与法是指教师和学生互为主体和客体，通过提问、回答、讲解、讨论等途径，教师以主导者的身份、学生以认识者的身份直接参与课堂讲授，使课堂讲授成为师生双向参与的生动活泼的学习过程。教学中的双向参与是人的认识活动的内在要求。认识绝不是机械地、被动地认识客观，而是能动地反映客观。这种能动性表现在课堂上就是必须给学生一定的时间和渠道来完成对信息的选择、重构和创造，而且这一过程必须为教师所了解。通过与学生知、情、意的相互交流、交融、交汇，教师一定能创造出课堂讲授的艺术佳境。

9. 情感投入法

情感投入法是指教师和学生在课堂讲授中，不仅要理性地去探求真理，而且要投入情感来完善人格，从而使课堂讲授成为充满生机的学习过程。情感是人们对客观事物的态度，反映着客观事物与人的需要之间的关系。授课时，教师要自然地运用情感，适度地控制情感，把学生的情感调节到恰到好处；要细心地培养情感，使学生原有的需要满足后，不断地产生新的需要，并通过对这些需要的满足不断地提高学生的学习情绪；要有力地激发情感，通过提问、解答、检验等几个环节，使学生的期望出乎意料地得到满足，从而引发学生高度愉悦的学习情绪。

10. 理性意象法

理性意象法是指教师和学生在课堂讲授中，根据具体需要，既使用概念、判断、推理进行抽象思维，也使用意象进行形象思维，在言不尽意的情况下“立象以尽意”，从而使课堂讲授达到美的意境。在某些情况下，仅仅用概念、判断、推理难以完美精彩地表达讲授内容，而用形、情、景相统一的意象来表达讲授内容则有奇妙的效果，能够把人引入一个妙不可言的意境中去。要紧紧围绕讲授内容，通过合适的手段，如语言、姿态、服饰、板书、教具等来实现这一目标。

**(二)讲授技能应用要求**

1. 精讲、少讲，讲学生终身发展必备的

新课程摒弃了以往系统知识的教学内容和单纯的基本功训练。新课程的教学倡导开放性和生成性，注重学生的兴趣、经验和体验，注重学生的自主、合作与探究。这正是终身学习所需要的。

新课程的教学，要注重学法指导、注重搜集和利用信息能力培养。即使是知识、技能的传授，也要克服“满堂灌”，教师必须少讲、精讲，以便给学生提供参与学习活动的机会和时间。同时，要融入师生互动的情感交递。要充满奇思异想，时时闪现人生智慧的火花。

2. 以学生为中心，注意差异性

在讲授中，教师要树立新的学生观，尊重每一个学生的人格和个性。讲授教学时，也要考虑学生的差异，既面向全体学生又因材施教，把集体讲授和个别指导有机地结合起来，把“全面发展打基础”与“发展特长育人才”有机地结合起来，把对优异生的培养与对后进生的帮助结合起来，使每个学生扬起希望的风帆，扬起个性的旗帜，实现预期的教学效果。

3. 灵活运用教学方法，因势利导，巧于点拨

教师讲授不仅在讲，更重在导。张志公先生在谈到启发式教学时说：“我们万万不可从这里得出教师不能讲，教师一讲，或者教师讲得多一些，就是‘满堂灌’了。不能得出这样一个结论，就是教师要讲，得会讲，得善于讲，得讲得好，讲不等于‘灌’。”这里的“会讲”、“善于讲”指的就是讲授要有启发性，这样才能“讲得好”。所谓讲授的启发性，指的就是教师讲授时能从学生的知识基础、认知水平、接受能力等实际情况出发，运用各种教学手段，把学生的学习积极性、主动性充分调动起来，启发诱导他们积极地、创造性地思维，主动地去获取知识，真正达到发展智力、培养能力的目的。怎样才能使教师的讲授富有启发性呢？首先，教师要激发学生学习的主动性和积极性，变“要我学”为“我要学”。其次，教师要善于激发学生的想象力，引导学生进行合理想象。其三，教师得善于“举一”而使学生“反三”，教师要把“一”讲透彻，使“一”具有启发性，却又不能将“三”讲绝。

4. 善于创设良好教学情境，引发学生兴趣

兴趣是最好的老师。教师讲授要富有吸引力，必须讲究情趣，使学生在学习知识的同时得到愉快的情感体验。教师要注意讲授的生动活泼、方法多样、有情有趣，给课堂教学创造愉悦的氛围和情境。

5. 精研教材和学生认知心理

教材和学生是构成课堂教学的两个基本要素，精研教材（讲授内容）和正确认识学生的认知心理是教师组织好讲授的第一步。教师要依据教材，确定教学目标和学生认知目标，分清重点、难点，设计教学程序。同时，教师要

能正确把握学生的学习动机、已有基础、兴趣爱好、个性特征等认知心理，选择教法和指导学法，引导学生进入最佳求知精神状态。只有这样，教师的讲授才有章可循、有规可依。

另外，按照奥苏伯尔的理论，保证学生有意义的学习的首要条件是使学生原有的知识结构中具有适当的知识与新学习内容建立人为的实质性的联系。教师在课堂讲授的过程中，要根据备课时对学生已有知识结构的了解情况，有的放矢地进行讲授，增强讲授的针对性。总之，精研教材和学生认知心理是使新学内容与学生已有知识结构建立联系的关键所在。

## 四、课堂讲授技能案例示范

【案例1】

上课一开始，张校长就先提出了一个问题："大家都看了《资治通鉴》中'三家分晋'这一段。你们说说，为什么司马光选择的史书从这一个点开始？这说明这本书到底是什么性质的书呢？这本书有什么价值呢？"

大家思考片刻后，各自阐述自己的意见。

小磊："这是一本讲管理的书。"

小刚："这是一本讲礼仪纲纪的书。"

小诚："这是一本记载历史，留给后人借鉴的书。"

张校长问小诚："你对小磊和小刚的观点有什么看法呢？"

小诚：小磊讲的话很空，没内容。而小刚只看了司马光的想法，就简单搬用司马光的观点，而没有根据后面的内容作出自己的判断。

张校长接着讲道："你们都只讲到了表面。我们中国人是全世界最重视历史记录的民族，特别强调'以史为鉴'，吸收历史事件的教训来提高自己。因此，各种各样的历史书籍非常丰富。到了司马光的年代（宋朝），为了给皇帝和当朝的大臣提供一个条理和线索，编撰其中最富有历史教训的案例，减去一些不太有代表性的历史资料，于是编撰了本书。这算是一个历史资料的精华整理本，后世备受推崇。《资治通鉴》是北宋著名史学家、政治家司马光(1019–1086)和他的助手刘攽、刘恕、范祖禹、司马康等人历时十九年编纂的一部规模空前的编年体通史巨著，记载了从战国到五代共1362年的史实。

在这部书里，编者总结出许多经验教训，供统治者借鉴，书名的意思是‘鉴于往事，有资于治道’，即以历史的得失作为鉴诫来加强统治，所以叫《资治通鉴》。《资治通鉴》是一部编年体的通史，按时间先后叙述史事，往往用追叙和终言总结的手法，说明史事的前因后果，容易使人得到系统而明晰的印象。它的内容以政治、军事的史实为主，借以展示历代君臣治乱、成败、安危之迹，作为历史的借鉴。但书中在叙述历代统治阶级活动的同时，也叙述了各族人民的生活与斗争。”

在这个教学过程中，教师运用阐释、说明、概括等手段，揭示《资治通鉴》这本书的编撰、内容、特点、功用，帮助学生更全面、更深刻地认识这本书，属于讲解式的讲授方式。

**【案例2】**

《记念刘和珍君》的教学片段：

(范读)“真的猛士，敢于直面惨淡的人生，敢于正视淋漓的鲜血。这是怎样的哀痛者和幸福者?”

这两句话，后一句是承接前一句来的，是对前一句所说的真的猛士的进一步刻画、评价和讴歌。他们有强烈的正义感，又保持清醒的头脑，是为国而哀、为民而痛的“哀痛者”。他们为改造黑暗社会，创造新的生活而战斗，这种战斗是人生的最大幸福。说他们既是哀痛者又是幸福者，显示了鲁迅对他们的深刻理解和由衷敬佩。

为什么不用判断句、感叹句，而用疑问句“怎样的”呢？大家想一想。

(停顿，学生发言)

对！这样既表达了作者的强烈感情和沉重语气，又警醒读者理解“真的猛士”的世界观和人生观。

读这两句，有三个重音：前两个重音就是两个“敢于”，要读出“真的猛士”之“猛”；后一个重音就是“怎样的”，引出读者的深思。

现在，我把这两句再读一遍，请大家细心体会。

师：“存者且偷生，死者长已矣!”这一句，你们认为应该抓住哪些词语，加以重点朗读，比如情感上的重读、语气上的处理、节奏上的变化?

生：“偷生”，语调低沉，节奏缓慢，应读出一种凄惨、悲哀。

生："已"，是生命的完结，让人心伤。

师：有时候，我们还应关注一些看似平常的虚词，也许更能体会人物的情感。

生："且"字，读得低沉，还要有一点停顿，表现老人苟且生存，了却残生的心理状态。

生："矣"，拖长音，表现出亲人离去的无限哀伤。虽然嘴里说过去了，但心中只有更深的哀伤。

师：同学们很会读书，从字缝里读出了诗歌的内涵，读出了老人的悲情与哀伤。

这种边读边讲的方式，让学生于阅读中掌握了知识，提升了阅读能力。这就是讲读法的运用。运用讲读法通常有边读边讲、以讲导读、以读助讲、讲读并进等模式，如学生当堂阅读教材并配合教师讲述，或学生课前阅读相关资料，课上阅读教材并配合教师讲述，或课前师生共同阅读教材等材料，课上运用角色扮演，进行"情景模拟"等。

## 五、课堂讲授技能实战演练

下面，我们就常见的几种语言讲授技能，包括叙述性语言讲授技能、论证性语言讲授技能、说明性语言讲授技能、描写性语言讲授技能、应变性语言讲授技能来具体谈谈讲授技能的训练问题。

### （一）叙述性讲授技能的训练

1. 训练目标

掌握叙述性阐释语的特点，运用叙述性阐释语对某人某事进行阐释介绍。要求语脉清晰、语言流畅、用词准确。

2. 含义及其运用

叙述性语言讲授技能即是用叙述的方法针对某人、某事、某概念、某原理，进行阐明、解释的讲授用语技能。它的要求是清楚、明白、准确、简明。例如：

长城多长呢？若用修筑长城的砖石修一道高5米宽1米的大墙，或是铺一条宽5米、厚30厘米的马路，这道大墙可环绕地球十几圈，这条路可环绕地球三四十圈。长城从春秋时代开始修筑一直到明朝，长达2000多年。长城防范了北方游牧民族的侵袭，保证中原的安宁，使中西经济文化交流丝绸之路畅通，促进各民族贸易、交流。在长城上，每隔不远处建有突出的墙台，便于打击近处的敌人；相隔一定距离又有敌楼，用来存放武器、粮草和士兵居住，战时又可用作掩体；在长城沿线还建有烽台，用于敌人来犯时传递信息。

老师的这段话有助于学生加强对长城的认识，让学生再一次感受到这是一个奇迹！

对某个事实进行叙述性阐释时，就要讲清某事件的起因、过程、结果。

对某概念原理进行阐述时，就要讲清其内涵、逻辑顺序。

3. 训练方法

⑴进行充分的课前准备，广泛查阅有关资料，做到介绍准确科学。

⑵注意培养自己讲故事的素质，在各种场合训练自己讲故事，会使你的讲授用语娓娓动听，真切自然，像磁石般吸引学生的注意力。

4. 训练内容

⑴结合小学语文、数学、科学等学科，选取两个文学家或科学家，了解他们的生平。然后，在训练小组或同事、同学中进行叙述性阐释。

⑵在小学各科教材中找出一个历史史实或某文学家、科学家的故事，进行准备。然后，在小组中作口头表述。

**(二)归纳性讲授技能的训练**

1. 训练目标

掌握归纳性语言讲授的技能，运用归纳论证的阐释语来阐释问题或观点结论。语言逻辑要严密。

2. 含义及其运用

归纳论证语言讲授技能是指用论证的方法对某问题、观点进行阐释的讲授技能，它要求论据充分、逻辑严密、语言干净利索。先列举一些现象或实例，从中归纳出所要论证的结论，这样的阐释往往给学生一种柳暗花明的感觉。例如：

关于光的反射，虽然我们以前没有学过，但我们经常接触到光的反射现象，有的还很熟悉、很有趣。不少同学小时候都玩过镜子，当我们把它放在阳光下，镜面对着阳光，并且角度合适时，太阳晒不到的房子里面的墙上会出现一个亮斑。这个现象实际上是太阳光从空气射到平面镜的镜面上时，有一部分阳光被镜面反射回空气投射到房子里面的墙壁上的缘故，这就是光的反射现象。给光的反射下一个定义，就是：光射到物体表面上的时候，有一部分光会被物体表面反射回去的现象。

这段讲授语言就是在下结论之前先摆出实例，然后在实例中总结出"光的反射现象"的含义，一气呵成，有理有据，语言的开合自然，干净利落。

3. 训练内容

请用上述方法阐述某学科中的一个原理。例如：

①细心观察是写作文的基础。

②三角形的三个内角和等于180°。

③多读多写是学习语文的不二法门。

**（三）说明性讲授技能的训练**

1. 训练目标

掌握说明性讲授用语的功能，能运用说明性语言对将要从教的学科里的概念、原理和涉及的事物进行流畅、清晰、准确的讲解。

2. 含义及其应用

说明性讲授用语即教师在教学中阐释某概念、某事物时用说明的方法所构成的教学用语。运用说明性讲授用语时需要说明某概念的内涵和外延，要说明某事物的性质、结构、功能。一位教师讲《圆明园的毁灭》一课时，向学生介绍圆明园：

圆明园坐落在北京西郊海淀区，与颐和园紧相毗邻。它始建于康熙46年（1707年），由圆明、长春、万春三园组成。有园林风景百余处，建筑面积逾16万平方米，是清朝帝王在150余年间创建和经营的一座大型皇家宫苑。清王朝倾全国物力，集无数精工巧匠，填湖堆山，种植奇花异木，集国内外名胜40景，建成大型建筑物145处，内收难以数计的艺术珍品和图书文物。在这些建筑中，除具有中国风格的庭院外，长春园内还有海晏堂、远瀛观等西洋风格的建筑群，被誉为“万园之园”。1860年，英法联军攻入北京，将圆明园烧毁。1900年，八国联军入侵北京烧杀掳掠，慈禧太后带着光绪皇帝逃奔西安。八旗兵丁、土匪地痞趁火打劫，把园内残存和陆续基本修复的近百座建筑物拆抢一空，使圆明园的建筑和古树名木遭到彻底毁灭。其后，圆明园的遗物又长期遭到官僚、军阀、奸商巧取豪夺，乃至政府当局的有组织的损毁。北洋政府的权贵们包括某些对圆明园遗址负有保护责任者，都倚仗权势，纷纷从圆明园内运走石雕、太湖石等，以修其园宅。侵略者不仅抢夺了那珍贵的历史文物，而且毫不留情地把它化成灰烬。圆明园占地350公顷，其中水面面积约140公顷，圆明园的陆上建筑面积比故宫还多一万平方米，水域面积又等于一个颐和园，总面积竟等于8.5个紫禁城！

这一段讲授说明的话井然有序，层次分明。学生听后，感觉明确清晰。

3. 训练要求

在对某概念原理进行说明之前，要充分调动思维的积极性，充分运用综合和分析的能力，对所要说明的对象进行概括和分析。还要迅速安排好说明的次序，不能主次不分，也不可前后颠倒。

4. 训练内容

⑴ 口头介绍鲸。

⑵ 讨论评析。

数学课“圆的周长”中对 $\pi$ 的讲解：$\pi$ 的数值是多少呢？我国古代数学家祖冲之研究计算了这个问题，为人类作出了贡献。1400多年前，他在世界上最早而且最精确地计算出圆周率 $\pi$ 的数值在3.1415926和3.1415927之间。后来，经过科学家们的精确计算，发现 $\pi$ 是个无限不循环小数。

在计算时，通常都是取它的近似值。我们在计算时，取它的两位小数，$\pi \approx 3.14$。

这位教师的表述是否清楚？如果要你来说，你会怎样说？

**(四) 描写性语言讲授技能的训练**

1. 训练目标

掌握描写性阐释语的生动阐释功能。能结合学科某一问题或某阐释对象的特点展开联想，进行生动性讲述。

2. 含义及运用

描写性讲授用语即是用描写的方法对某阐释内容进行讲解的教学用语，它以描写性语言代替了叙述说明性的语言，一般在吸引学生注意力的同时，给学生以情感渲染，甚至给他们身临其境的艺术享受。例如，王崧舟在教学《圆明园的毁灭》一课时的结语中说："这把火可以烧毁举世闻名的圆明园，却烧不毁侵略者的滔天罪行，烧不毁中华民族的仇恨，更烧不毁中国人民的勤劳与智慧！"

3. 训练内容

⑴简要描述教师职业的特点。

⑵请你描述所在学校的面貌，让人听了你的描述就好像见过你的学校一样。

**(五)应变性语言讲授技能的训练**

1. 训练目标

能够在课堂教学中出现突发状况时，用充满智慧的语言应对，使之化解于无形之中。

2. 含义及其运用

教学应变语主要用于应付教学中的意外情况。在教学中，意外情况一般来自两个方面：一是出现了教学事故；二是学生提出了一些偏离教学中心的问题，诸如此类的问题决定了教师在教学中还应具备一定的应变技巧。

3. 训练方法

⑴尽量多参加一些辩论赛之类的活动，积极加入到日常生活中的辩论中去。

⑵多在尴尬时控制自己的情绪，快速思考应对的言语策略。

⑶观察周围人的言语应对，从中总结规律。

4. 训练内容

⑴回忆自己经历过或听说过的教学突发事件，思考当时自己或教师是如何处理这些突发事件的，对自己又有什么启示。

⑵以训练小组的其他成员为教学对象，在教学过程中，由他们故意设置一些“难题”，教学者采用上述方法或其他方法进行应对，课后对这些方法运用的得当程度进行讨论。

⑶思考题：有位教师上台演讲时，被台阶绊了一下，摔了一跤。这位教师该怎样化解这种尴尬场面呢？

# 第五章　课堂言语技能

## 一、真实案例导入

### “语言不是蜜，但可以粘住一切”

1. 在导入高二生物“遗传和变异”一章时，我设计了这样的开场白：曾经有一个问题一直困惑着我，为什么刘德华长得那么帅，而我却长得这么寒碜？今天，我终于明白了，这不是我的错，全是遗传惹的祸！听了我这略显夸张的自嘲，学生笑了，学习的兴趣也来了。接着，我用武松与武大郎的身材来比较，为什么同父同母所生却有如此大的差别呢？学生一下子活跃了起来……

2. 在讲“探究环境污染对生物的影响”一节时，上课伊始，我一句话“今天先讲个故事”，全班鸦雀无声。“有个地方种植水稻，大米的质量很好，就是产量不高。后来，不知道什么原因，水稻越长越好，产量也有所增加，当地的人都很高兴。但是，从1955年开始，这个地方突然出现了一种奇怪的病。病人起初腰疼、关节疼，不久就全身疼痛，连呼吸、吃饭都得忍受巨大的痛苦。可怕的是，有的人越长越矮。(有的学生笑起来)身体缩短，最多矮了30厘米左右。(学生无人再笑，眼睛里现出惊疑的目光)这是什么病呢？仅1963年至1977年就死了207人。从死者遗体解剖看，病人外表好好的，可体内骨折多达70多处。(学生大吃一惊)后来找到了原因，抓住了罪魁祸首。(学生急切想知道)原来，在这个地方的上游建了一座炼锌厂。(学生议论，河水污染了)是的，工厂废水中含镉，这种水浇灌稻田，大米就含镉，人们长期食用镉米，就出现了上面的悲剧。”

从上面的两则教师日志中，我们可以看出，教师的言语技能是多么重要。这位教师的通俗易懂、形象生动、风趣幽默而富有启发的语言，让这个课堂变得如此有趣。一名优秀的教师应该有驾驭教学语言的高超技能，他的教学语言应极富表现力，不仅能清晰明白地传授知识，而且能启智导学，风趣幽默，积极调动学生的学习热情，调控课堂，从而打造高效的课堂教学。

## 二、课堂言语技能理论指导

### (一)教师课堂言语的含义

“语言不是蜜，但可以粘住一切。”高尔基曾经这样说过。教师课堂教学操作行为的规范性是教学效果的基本保证，课堂教学言语行为是最可感、最直观、最不可缺少的课堂教学操作行为，而教师的言语行为操作是课堂教学一切操作的基本与核心。

课堂教学言语行为是课堂教学操作技术的重要组成部分。教师教学言语的内涵有广义和狭义之分。狭义的教师教学言语是指教师的课堂教学言语行为，仅指课堂内教师用于传达教材信息和组织学习的有声言语行为，不包括肢体动作、表情及板书等非言语行为。广义的教师教学言语是指教师的职业言语，是课堂中组织教学、讲解课文内容、参与课堂活动、师生交流互动、对学生进行评价以及课堂外师生之间进行交流时所使用的言语行为和非言语行为，是教师对学生实施素质教育过程中所使用的所有有声和有形的言语，包括肢体动作、表情及板书等。本文主要讨论的是狭义的教师教学言语，这是教师课堂教学言语行为的主体和核心部分，是活化的课程资源内容，是创设潜在课程的言语行为系统。

### (二)教师课堂言语的特征

教育学家苏霍姆林斯基认为：“教师的语言素质在极大的程度上决定着学生在课堂上脑力劳动的效率……教师讲话带有审美色彩，这是一把最精致的钥匙。它不仅开发情绪的记忆，而且深入大脑最隐蔽的角落。”教学言语是教师职业言语中最主要的组成部分，是课堂中及课堂外师生之间进行交流时所使用的所有有声和有形的包括肢体动作、表情及板书等语言的总和。教师言语行为可归纳为以下三个特征：

一是示范性。这是由教师劳动的特点决定的。学校教育是有目的、有计划、有系统地培养受教育者的一种社会实践活动。教师劳动与其他劳动的一个最大的不同，就在于教师要使用自己的思想、学识和言行，通过示范的方式去直接影响劳动的对象。言语是教师向学生传递知识、信息、价值的最重要的手段。通过言语，教师的思维和学识在学生面前展露出来，言语交往可以使师生之间进行能够沟通、对话和交流；在对话和交流中，彼此向对方敞开自己的内心世界，在这个过程中，主体会从观察、理解他人的内心的过程中学习到他人的情感体验方式、思维方式、对事物的态度、价值取向、审美情趣等，从而对学生的道德品质产生影响。

二是指令性。教师的言语行为不单是知识信息传递的方式，同时也是教师同他者之间关系的纽带。为了顺利完成知识、信息的传递，教师需要对课堂进行维持和控制，而最直接、最有效的方式便是教师运用指令性的言语行为，这一特征反映出在课堂中蕴含的社会关系与权力关系，相对于学生，教师在社会关系中处于强势地位，发出符合社会伦理规范的指令。一方面，指令性的言语行为可以有效地使学生步入正轨。另一方面，教师的言语对学生也有一定的强制性，教师要对学生进行正确的诱导，就要善于利用指令性的言语，把学生的注意力吸引到课堂中来，带动学生的思维，避免学生注意力的转移。

三是情感性。这是对教师言语行为更高的要求。课堂教师言语交往传递至少有两个内容：一个是事件信息；一个是情感信息。课堂中，教师言语的作用不仅是知识的灌输，更应是其情感态度的展现，学生的情感态度也会随其传达的事件对教师产生影响，双方的情感交流成为维系师生人际交往的纽带，学生的学习与成人的学习有很大的差异，这主要体现在学生作为学习主体的特殊性上，学生主体是一种可能性的、潜在的、发展的、尚未成熟的主体。在发展中，学生主体易受激发、诱导和帮助。因此，学生在交往(包括道德交往)中，更需要教师情感上的关怀，需要教师言语富含更多的情感性因素。

### (三)教师课堂言语的类型

教师的课堂言语类型可分为教育言语和教授言语。其中，教育言语是指问候语和评价语，教授言语是指讲课语、谈话语和组织教学过程语。讲课语一般是阐释性或描述性的，谈话语一般是启发性、归纳性或指示性的，而组织教学过程语是指导入语、结束语和提问语。

(四)教师课堂言语技能的作用

教学言语是教学时使用的语言，是教师完成教学任务的主要手段。尽管各种现代教学技术使用得越来越多，但教学言语的功能和作用是任何传播手段也取代不了的。教师良好的教学言语修养与表达技巧，常常使教学艺术锦上添花。相反，教师教学言语表达不清，往往导致教学的失败，直接影响教学的效果。因此，掌握良好的教学言语表达艺术应该成为教师自觉的追求。

1. 教师对言语技能的掌握决定着教学效果

在教学中，大部分信息都是通过教学言语传递的，教师的教学素质和能力也通过言语方式表现出来。可以这样说，教学言语表达是教师全部教学素养的综合体现，它影响和制约着教师教学的效果。一般而言，教学言语的清晰度和严密度对教学效果的影响较大，教师的讲解水平与学生的学习成绩成正相关。教学言语清晰度指的是语言表达得是否清晰流畅。教学言语的严密度是教师语言表达的内在逻辑性，严谨、周密、有条理的表达能够增强教学言语的说服力和论证性。

2. 教师对言语技能的掌握影响学生能力的发展

教学言语艺术水平的高低，不仅影响教学效果，而且影响学生的思维能力、语言能力和审美能力的发展。由于语言与思维发展有密切关系，教师的言语艺术水平反映其思维能力的高低。在教学过程中，学生通过教学言语，能探知教师的思维进程，学习思考问题的方法，体验到思维过程的快乐。一般而言，不同特点的言语对学生思维方面的影响是不同的。如概括性言语影响学生的抽象思维，生动形象的语言影响学生的形象思维，而教师的言语机智会影响学生思维的敏捷性和灵活性。在课堂教学中，教学言语已经超出了原有的工具性范畴，具有一定的示范作用。它长期地、潜移默化地影响学生的语言能力和习惯。同时，教学言语艺术本身也会成为学生审美的对象，使学生从中获得审美感受，激发审美情趣，从而提高学生的审美能力。

3. 教师对言语技能的掌握促进教师自身思维品质的发展

语言信息是思维的原料，思维过程本身又是信息加工过程。语言信息越丰富，思维加工越有效。在教学中，教师对教学言语艺术的追求，促使其不断增加自身信息的储备，自觉训练言语组织能力，增强思维的敏捷性和准确性。久而久之，在教师言语能力提高的同时，也促进其思维品质的提高。

## 三、课堂言语技能应用方法与要求

### (一) 教师言语技能应用方法

苏霍姆林斯基在《给教师的一百条建议》中说："在拟定教育性谈话内容的时候，你时刻不能忘记，你施加影响的主要手段是语言，你是通过语言去打动学生的理智与心灵的。"语文教学同其他学科教学有着相同的科学性，但除此之外，还有其他学科所不具备的艺术性。这一艺术性是通过教学语言来体现的，因此，教师研究并掌握良好的教学言语技能是十分必要的。

下面，我们就以语文教师的言语技能为例，来具体谈谈教师在课堂上的言语技能。

1. 形象性言语技能

英国教育家罗素说："一切学科本质上应该从心智启迪开始……教学言语应当是引火线、冲击波、兴奋剂、催化剂，要有撩人心智、激人思维的功效。"教师用形象生动的语言叙述事实材料，能使学生聚精会神，坐得住、听得进、记得牢。教师在课堂上的良好语言艺术会像吸铁石一般，把学生深深吸引住。形象的语言能将抽象的具体化、深奥的浅显化、枯燥的趣味化。正如鲁迅讲课，用农民讨媳妇不要杏脸柳腰、弱不禁风的"美人"，而要腰臂圆壮、脸色红润的劳动姑娘这个非常形象的事例，来阐明"美的阶级性"这一抽象的理论问题一样，形象的教学语言能充分发挥语言的生动性，给学生留下深刻的印象。特级教师于漪讲朱自清先生的《春》用这样一段话开场："我们一提到春啊，眼前就展现出阳光明媚、东风浩荡、绿满天下的美丽景色。所以，古往今来，很多诗人就曾经用彩笔来描绘春天美丽的景色。"这段话，绘声绘色、有景有情，使教学语言格外形象、精彩。形象的教学语言往往能达到一种美妙的境界：时而春风拂柳，姿态优美；时而小桥流水，自然恬静；时而大海扬波，汹涌澎湃；时而莺歌燕语，美妙动人；时而缥缈隐约，如梦如幻……教师以形象的语言解读课文的内容，最大限度地调动学生的各种感觉器官，感染学生的思想，吸引学生的注意力，使教学的气氛始终保持和谐、热烈、活跃，达到最佳的教学效果。

2. 趣味性言语技能

教学言语的趣味性是指教学语言富于情趣、理趣。现代教学论的一个趋向就是探讨如何把苦学厌学变为乐学，其中就涉及教学的趣味性。趣味性要求教师的教学言语不仅要声情并茂、形象生动，而且还要妙语连珠、妙趣横生。语言艺术家总是善于运用饶有趣味的语言，使人感受到其中的寓意。比如说“这件事是多余的”，在莎士比亚的笔下则表达为“给金子再镀上层金”、“给百合花再涂上色”、“给紫罗兰再洒上香水”。这些看似简单的语言往往别具一番情趣，会给人留下深刻的印象。趣味性的教学语言就是利用编口诀、歌谣、顺口溜，穿插小故事、摹态拟声，夸张戏剧性的冲突，烘托小说性的情节，演绎诗朗诵的激情，从而使教学妙趣横生，学生学起来欲罢不能。“寓教于乐、寓庄于谐”是教学的趣味性的最好注脚。毛泽东同志不但是伟大的政治家、军事家，而且是一位语言大师。他说起话来幽默生动，妙趣横生。如在列举党八股的罪状时，他说：“拿洗脸来作比方，我们每天要洗脸，许多人不仅洗一次，洗完以后还让人拿来镜子照一照，要调查研究一番。”（听众大笑）为什么听众会大笑呢，就是因为他把“调查研究”巧妙地用在洗脸照镜子上，把党八股的作者们轻重倒置的可笑行为活灵活现地刻画出来。当然，教师的教学语言不是为了趣味而趣味。教育家乌申斯基也曾提醒教师：“如果你把课讲得生动些，那么你就不会担心儿童闷得发慌。但是要记住，在学习当中，并不是所有东西都是有趣的，一定有而且也应当有枯燥无味的东西，应当教导儿童不仅去做有趣的事，而且要做没有趣味的事，即为了完成自己的责任而做的事。”所以，教师不应为趣味而追求噱头与掌声，以及热热闹闹的“表面文章”，而应将趣味性与科学性、教育性结合起来，让学生在健康的趣味言语中掌握知识。

3. 逻辑性言语技能

逻辑性的教学言语显现出语言严谨朴实而睿智的总特征，富有鲜明的情感色彩，而又极具缜密推理、正确判断的个性特征。教师要善于驾驭具有艺术美感的言语来传授具有科学性、真理性和时代性的教学内容，语言推理富有逻辑性、系统性，用具有逻辑性的言语揭示真理的价值，用逻辑的力量去征服学生的心灵。教学言语绘声绘色而不失真实准确，审慎简约而不失生动流畅，可谓情理交融，相得益彰。在教学环节的安排上，教师要注重教学言语的逻辑性，巧于设计，用有声语言成功地演绎语文教学流程。学生听课，就像观看一场精彩的话剧，又像是和教师一起推理一道丝丝入扣、别开生面、妙趣横生的应用题。应用逻辑性的教学语言，或寥寥数语，却掷地有声，震耳欲聋；或短小精悍，却深入浅出，鞭辟入里。教师通过调控语言，时而沉着冷静，处变不惊；时而有的放矢，对症下药；时而搭桥铺路，启发类比；时而借势发挥，点石成金。

4. 幽默性言语技能

列宁说："幽默是一种优美的健康的品质。"幽默者的高深修养、高雅气质、高超境界，更能够给人以积极向上的力量，使人笑后振奋，受到感染。幽默也是教学语言的一个重要的特征，其根本目的是要巧妙地揭露和解决认识矛盾，因为"用幽默的方式说出严肃的真理，比直截了当地提出更能为人所接受"。苏联著名教育家维特洛夫指出："教育家最主要的，也是第一位的助手是幽默睿智，使整个教学顿时生辉，并能创造出一种有利于学生学习的轻松愉快的氛围，让学生在这种氛围中去理解、接受和记忆新知识。"在语文教学中，幽默的教学言语，表面上看是师生情不自禁地捧腹一笑，实则是含而不露、出神入化的教育技巧的体现。幽默亦庄亦谐、寓庄于谐、内庄外谐，它们恰似黏合膏，牢牢地把握住学生的求知欲望。特级教师于漪主张"要努力把课上得情趣横溢"，魏书生坚持"每堂课都要让学生有笑声"，幽默风趣的教学语言总是包含了一种轻松、诙谐、欢乐的情调，使深奥的道理浅析化、庄重道理风趣化、复杂问题简单化、抽象问题形象化。学生在欢乐中感知、在感知中回味，从而进入感想、联想和理性思维，达到良好的学习效果。

5. 肢体性言语技能

语言艺术要用得好，还应该辅以表情、手势、眼神，使言语更加形象化，以增强言语的艺术效果。一个热情、乐观的表情，一个坚定、果断的手势，一个赞赏、肯定的眼神，都会给学生以激励和上进的勇气，保持积极向上、永不气馁的精神状态。心理学研究表明，人说话时，只有35%左右的内容是单纯通过语言来表达的，而另外的65%左右的内容要通过表情、手势、眼神、体态这些肢体语言传达。教师在课堂上的一举一动、一颦一笑都是在向学生传递信息。因此，教师要讲究肢体语言的艺术性，使语言表达更生动、更形象、更简洁，从而深化教学内容。教师肢体语言主要是掌握好面部表情、手势、眼神及体态。如开始上课时，眼睛要散发自信、活力、愉快的神情，暗示学生回到课堂上随同教师一起上课。在讲授课程时，教师的眼睛不可离开学生，配合身体的转动或手势，让每个学生都能接收到教师关爱的信息，时时刻刻抓住学生的注意力，控制全场。同时，教师的眼睛必须配合教学内容的改变而改变。当学生有好的表现时，要传递出赞赏、鼓励、期待的眼神，这样会使学生得到自我激励。当学生在开小差时，及时传递出提醒的眼神，制止他们的行为。

总之，语文教学是通过言语作为媒介来进行的，言语是完成教学任务的主要手段，好的语文教学言语应当是鲜活、生动、具体、有生命力的。语文教师应该是言语大师，其语言功力如何，直接影响着学生对知识的掌握。因此，语文教师要成功地上好每一堂语文课，就应该从提高自己的语言修养，熟练掌握语文教学言语技能做起，不断提高自己的教学水平，更好地培养适应社会需要的人才。

**(二)教师课堂言语技能的要求**

教师以课堂言语作为主要手段来完成教学任务。语言的准确、清晰、生动、幽默和富有感染力，能有效地提高教学效果。

1. 科学性

科学性指的是教学言语要准确、规范、精练，具有逻辑性和系统性。语言表达的科学性主要体现在以下几个方面：第一，教学言语要符合语法逻辑及修辞的规范，不带语病，不含歧义；第二，教学言语要干净利索，不说废话，杜绝套话、半截子话和空话，杜绝赘语；第三，教学言语要求用学科的专业术语讲授；第四，教学言语要求推理要富于逻辑性，论述问题要有系统性。

2. 教育性

教学是有目的、有计划地增进人的知识技能、影响人的思想品质的活动，因此，教学言语当然要具有教育性。教学言语应该深思熟虑，能够给学生的心灵以震撼和启迪的教育性语言，它具有教书育人的双重作用。教师要避免讲粗话、脏话和假话，更不能恶语伤人，不能以讽刺和挖苦性的语言批评学生，这样会伤害学生的自尊心，影响学生的学习积极性，甚至会影响学生一生的发展。教师应该加强言语修养，重视教学言语的教育性，创设和谐的教学气氛，在民主、平等的师生关系的基础上教育学生，发挥教学言语的教育性作用。

3. 启发性

教师用语言教学，不只是简单地向学生灌输知识，还要引起学生的思考，使学生跟随教师言语叙述的思路发现问题、分析问题和解决问题，发展学生的思维能力。这就要求教师的教学语言具有启发性，教师一面提出有意义的问题，一面激发学生去思考探索，在教师的引导下，一步步地寻求答案，获得真知。教学语言的启发性不仅仅在于课堂中多提问，它更注重教师语言内在的启发因素，注重调动学生的积极性。

4. 生动性

心理学研究表明，上课时学生注意力集中的时间一般能维持15 ~ 25分钟。这就要求教师要注意在教学中以趣味性的教学语言艺术把学生的注意力保持在听课上。教学言语的生动性，是指教师以生动的表述将抽象的东西具体化、深奥的哲理及枯燥的知识趣味化，开启智慧，强化记忆。教师的教学言语要有一定的艺术性和生动性，讲课的声调应既平稳又有合乎情理的抑扬顿挫；用词造句既有科学的严肃性，又有优美的文学性；讲课既富有哲理，又有幽默感，富于情趣。为此，一个好的教师应该在文学上有一定的涉猎，还应是一个热爱生活、兴趣广泛的人。

讲课是当着众多学生讲授知识的语言活动。有声语言是讲课必不可少的表达手段，有声语言的质量如何，直接关系到讲课的质量。讲课一定要注意声音的质量。课堂言语的具体要求包括：

一是洪亮有力，圆润自然。圆润悦耳的声音能愉悦学生，喑哑、刺耳的声音会刺激学生，教师的嗓音质量会影响讲课的质量。但讲课毕竟不是表演，它应该使人感到亲切自然、接近生活。

二是吐字清晰，连贯流畅。讲课不宜有太多的重复，在一般情况下，讲课声音一过即逝，具有不可重复性。因此，教师要让学生听明白，容易接受，其有声语言就不但要洪亮，而且还要清晰、自然流畅。因此，讲课强调语流的自然、连贯、流畅，要符合人们的听话习惯。

三是节奏适度，变化有序。讲课有声语言的节奏即轻重缓急、抑扬顿挫，应该是有起伏的。随着讲课者的感情及讲课内容的变化，讲课也有高潮的涨落，节奏起伏也会有所不同。但讲课中的这种节奏对比和表演中的节奏对比有所不同，它较为接近片段状态的口语节奏。

四是感情充沛，身心投入。讲课的有声语言应该包含激情。无论是讲课内容有无感情色彩，教师都应全身心投入，才能去感染学生。所以，教师的有声语言应该是声情并茂的。

## 四、课堂言语技能案例示范

下面，我们从这堂公开课一起来探讨言语技能在课堂上应用所起的不同的效果。

**【案例1】**

学科：语文《唐雎不辱使命》

教师首先对这篇课文的题目进行了解读：通过同学们课前的预习，让大家了解到唐雎是一个什么？

生：唐雎是一个人。(集体回答)

师："辱"是什么意思？

生：负。(集体回答)

随后，教师讲解了课文产生的历史背景：秦国灭掉楚魏，而后准备进一步吞并安陵国。故事讲得很精彩，学生们也听得津津有味，对历史知识比较感兴趣。

师：既然秦国灭掉的是楚魏，那这与我们今天讲的课文有什么关系呢？

这就需要大家了解安陵国与魏国的关系了，你们知不知道安陵国与魏国是什么关系？

（学生没有反应）

师：安陵一国其实是魏国的一个附属小国。（“附属小国”的语音加重）

（学生沉默）

师：明白吗？（看着全体学生）

寥寥的几个人声音较小地回答：明白。

师：嗯，既然大家都明白了安陵国与魏国的关系以及当时的情况了，那么我们再来看看秦王还想干什么，以及安陵国是怎样化险为夷的。

师：通过我们对前面两个自然段的学习，特别是唐雎与秦王的这两段对话，可以看出秦王什么样的性格？

生1：粗暴。

师：粗暴？（全体学生哄笑）

生2：虚伪。

师：虚伪。

生3：狡猾。

师：嗯，狡猾。

生4：狡诈。

师：嗯，狡诈这个词，老师觉得还比较合适。其实，还可以说是“蛮横”或“专横”。

……

在讲到课文结尾的一句话“而安陵以五十之地存者”时，教师突然发问。

师：这个“存”字怎么解释？

生5：存活。

师：存活？（冷笑）国家可以说存活吗？一个国家怎么可以说“活”呢？（眼睛直视这位“存活”的学生），应该是“存留”。

观察评析：这个教学片段中师生的问答模式具有较强的代表性。总体而言，该教师的课堂言语主要表现为冷漠和过于笼统，即对学生的回答没有任何反应或仅仅给予“简单笼统的点评”。具体表现为：

第一，在集体回答环节，学生齐声回答“唐雎是一个人”，教师对学生的这一回答没有作出任何反应，只是将这一问题当成课程教学的一个过渡环节。如果在此处能够追问“唐雎是一个什么样的人”或者“你们是通过什么渠道了解唐雎的”等，不仅可以反馈学生的预习情况，还可以根据学生的回答情况引出后面的教学内容。当学生集体回答“辱”的意思是“负”时，教师仍然没有给予肯定，学生也不知道自己到底是否正确，又或许是师生之间达成的默契，教师不理会就表明学生的回答是正确的。总之，教师在这个阶段的提问完全根据自己的教学计划执行。学生回答后，教师没有给予回应，而是直奔自己课前所预设的教学环节。

第二，在单独回答环节，即教师与学生的问答对话中，教师的回答方式以重复学生的回答，不作任何评价为主。在总结秦王的性格时，学生的思维原本可以有一个拓展的平台，根据自己的经验和认知来理解历史上的秦王以及那段历史。但是，教师的言语始终呈现出一个将学生往最准确的方向引导的趋势。学生给出的答案“粗暴”招来全班同学的哄笑，教师对这一回答以及这一回答所引起的情形都视而不见，直接将注意力转向其他学生。学生给出的另两个答案“虚伪”和“狡猾”都获得教师同样的待遇。直到在“狡猾”之后有学生说出了“狡诈”，教师终于看到了希望，并给予简单的点评——比较合适。随后，将正确答案和盘托出。经过这一段简短的问答，教师得到了想要的正确答案，但学生没有真正明白为什么是“蛮横”而不是“狡诈”，甚至连“狡猾”都不行，更不明白“蛮横”、“虚伪”这些词各自的内涵有什么不同，其形容的侧重点分别是什么。在对这一系列词语没有弄清楚之前，学生又怎么可能真正了解秦王的“蛮横”，更谈不上去体会故事背后的道理。

第三，本节课有两个尤其值得分析和关注的环节。首先，教师课前试图通过讲解历史引起学生的兴趣，让学生带着对历史知识的好奇和疑问进入课堂。这是值得借鉴和肯定的地方。但是，当教师提出“附属小国”的概念时，学生的表现参差不齐。教师没有及时发现学生对“附属小国”其实并不了解。其次，在最后一段讲解中，学生与标准答案只差一个字的回答遭到教师的嘲笑。随后，教师直接给出正确的答案，没有任何补充和延伸。教师这一言语行为不仅对学生的认知产生了影响，而且对学生“错误答案”的嘲笑将很有可能在学生心里造成一些困扰。

【案例2】

讲“禁止近亲结婚的原因”时，有一位教师进行了巧妙的设计。他给学生朗读了1989年10月5日《法制日报》中《达尔文的遗憾》这则短文：“达尔文一生中最大的遗憾，就是和表姐玛丽结婚。近亲结婚，祸及子孙。聪明的达尔文和美丽动人的玛丽生下了十个孩子，个个体弱多病。有三个很小就夭折了，其余七个子女都不同程度地患有精神病。三个女儿一辈子也不能出嫁，有三个儿子无生育能力，终生未娶。四儿子一生娶了四个老婆也没有抱上娃娃。”听罢，同学们对近亲结婚的严重后果有了深刻的印象，对所学知识的理解更加透彻，进而也增强了对我国婚姻法中禁止近亲结婚意义的认识。

俗语说：“话有三说，巧说为妙。”要真正把话说明白、说得体、说精彩，这里面大有学问。从上面的例子中，我们可以看出教师言语的巨大作用。要成为一名优秀的人民教师，就一定要过好语言关。很难设想，一个教学语言贫乏的教师能上出富有魅力的课来。我们应从多方面来加强教学语言艺术的修养，努力将自己的教学语言提炼得更精美，要不负于“教师的语言是世界上最美的语言”的赞誉。

## 五、课堂言语技能实战演练

具有较高的课堂言语艺术不是一件很容易的事，也不是一件“高不可攀”的不能办到的事。这是我们教师一直需要探讨的问题。只有不断探索、不断创新，才能逐渐走向完善、走向成功。俗话说：“从血管里喷出的是血，从喷泉里喷出的是水。”是的，在教学中，教师花一份心血，就会有一份收获。教师通过训练，应能熟练掌握课堂教学过程中教学言语的基本技能。

[训练目标]

1. 识记课堂教学言语技能的概念和基本原则。

2. 理解课堂教学现场言语技能的分类及应用它的实际意义。

3. 了解教学言语技能的类型和具体方法，并将其运用到具体设计中去。

4. 了解教学言语技能的基本要求和存在的问题，反思自己教学中的缺陷。

5. 能结合教学实际，设计出恰当的教学言语内容。

**[训练方法]**

1. 熟练掌握课堂教学言语技能的各种类别和理念。

2. 熟练掌握课堂教学言语技能的具体方法和技巧。

3. 多到教学现场去听课，观察优秀教师的课堂教学，从中吸取经验，并运用到具体教学中。

4. 经常思考与总结，多与学生交流。

**[技能实战训练]**

1. 自我训练方法

2. 自我评价

# 第六章　课堂调控技能

## 一、真实案例导入

### 每件事情至少有100种处理方法

我刚走进教室，同学们都笑了，笑得极不正常。我感到很意外，因为我的一举一动都不可能引发同学们发笑。当我抬头看黑板时，只见黑板正中的上方，平时挂教学用图的钉子挂着一块抹布。【冷静对待学生异常反应，观察、寻找原因】

我平时很少用教学挂图，这抹布不大，影响不到我在黑板上的板书，只是同学们的注意力早就被抹布吸引住了。再说，抹布挂在黑板上方的中央，实在不美观。

是谁搞的恶作剧，恐怕一两分钟之内很难弄个水落石出。如果我不声不响地取下这抹布，恐怕今后还会有学生要玩类似的恶作剧。【分析，选择调控策略】

我慢慢走上讲台，平静而严肃地看了一下全班同学，似乎在寻找那搞恶作剧的同学。大家的笑声停住了。【用表情调控气氛】我心平气和地说："从同学的笑声里，我已经知道大家是有是非观念的。刚才，同学们显然是在嘲笑那不懂事的同学将抹布挂在黑板上。经过同学们的嘲笑，也许那挂抹布的同学已经脸红了，已经知错了，我自然没有必要再批评那不懂事的同学了。"【用言语委婉批评，表达了师生意愿，鞭策了不当行为】随后，我用教鞭去挑那抹布，由于它是破的，一时挑不下来，我有些急了。这时，只听到一个同学说："老师，那是我借来做卫生用的，怕丢了才挂在那里的。"我没有生

气，只是淡淡地说："你快来把这楼布取下去保管好，以后好还给别人。"【鼓励学生改正错误行为】

在挂抹布的同学红着脸走上讲台取抹布的时候，我没有追究他说的话是真是假，他能够大胆承认，并且上讲台取，说明他说的可能是真话，并对自己的做法有了一定的认识。【利用时间冷静分析，为进一步调控做好准备】于是，我顺着说："某某同学怕掉了才挂在那里，借东西想到归还，很好！只是将这破旧的抹布挂在黑板上，既影响美观，又分散了同学们课堂学习的注意力。耽误了学习时间，多不好啊！"我这么一说，挂抹布的同学不好意思了，迅速取下后回到座位，其他同学也平静下来了。【一分为二地评价学生的不当行为，使学生体面地进一步认识错误，并避免同类事情再次发生】

在上面这个案例中，我们可以看到一个充满智慧的教师。课堂的可变因素很多，调控的方法也是多种多样的。正如魏书生所说的："每件事情至少有100种处理方法。"每个教学事件也至少有100种调控方法。只要教师做个有心人，努力找准控制点，使教师的主导与学生主体的有机结合，着力产生师生在心理上的共鸣，就能实现预期目标。

## 二、课堂调控技能理论指导

### (一)课堂调控的内涵

课堂调控就是指教师在教学过程中，为实现教学目标，运用一定的手段和策略，对课堂教学过程进行的管理、调节和控制的教学行为。课堂调控主要的任务是按计划推进教学活动，灵活调节和控制课堂教学秩序和突发事件，协调课堂的物理环境和心理环境，引导学生集中注意，以便共同地、高效地完成课程学习的任务。同时，课堂调控还包含课堂活动的设计、活动内容的选择、活动方法的运用、学生学习方式的指导、活动手段和资源的统合、活动成效的评价等方面的活动。

课堂调控技能是教师进行课堂教学的基本能力，是组织课堂教学的基本功。教学信息传递和交流，教学目标的实现与检测等都要以恰当的课堂调控行为作保证。课堂调控得当，教学效率就高，教学效果就好。否则，就会事倍功半。

### (二)课堂调控的原则

1. 全体性原则

全体性原则是教育平等的体现、现代教育的平等，不仅指保证要每个孩子得到均等的教育机会，还要满足他们个别教育的要求。就课堂调控而言，按照全体性原则，既要向不同层次的学生提出相同的调控要求，还要视学生的个体差异情况予以区别。如布置某项合作学习的任务，如果以小组为单位，那就要确保小组内的各个成员都有任务，以调动全班学生的积极参与。任务完成后的检查也要面向全体学生，而不是把重心仅仅放在优秀生身上。要特别信任和鼓励对学习困难的学生，对于他们哪怕是点滴的成功，都不要吝啬表扬。

2. 积极性原则

采用不同的调控方法对学生的思想、情感等方面会产生不同的影响效果。当学生出现课堂纪律问题时，是斥责、罚站、加大作业量等给予惩罚，还是分析原因、启发诱导，实事求是、合情合理地进行解决，对学生的近期发展和长远发展都会产生不同的影响。惩罚假如能使学生反省和奋发努力，可以产生积极的效果。但如果惩罚不当，就会增加他们的失败感、自卑感，挫伤他们的积极性，并且对教师、家长产生反感。因此，我们要尽量运用教法调控、学法调控、激励调控等积极调控的方法，少用甚至不用消极调控的方法。要体现出尊重学生、爱护学生、教育学生的理念，以表扬为主、以激励为主。

3. 及时性原则

课堂教学有时空的限制，必须在有限的时间内完成既定的任务。因此，课堂调控要遵循及时性的原则，在教学中根据学生的状态表情等现场反映传递的信息，来及时地决定教学节奏，把握住教学平衡的原则，随时调控教学过程，对教学过程中存在的问题及时补漏或改进，把不利于课堂的学生行为及时引导到有益学习或集体活动方面来，按时推动教学环节的递进。

4. 教师主导性的原则

在课堂组织教学中，教师的主导作用不容忽视。课堂教学成功与否，与教师主导作用体现密切相关。当我们强调学生是学习的主体，让学生自主学习、合作学习、探究学习时，决不意味着可以削弱或者放弃教师的主导作用。相反，对教师的主导作用提出了更高的要求。教师永远是教学活动的设计者、组织者、引导者。

### （三）课堂调控的特点

1. 调控目标的双重性

新课程教学强调的是师生的交往、互动，不仅是传统的严格意义上的教师教和学生学。课堂教学目标呈现为双重性：一为课程目标，即教学目标；二为成长性目标，即在学习过程中，发展和训练学生的言语表达能力、思维的敏捷性及发散性等。教师从传统的知识传授者转向现代的学生发展的促进者。也就是说，教学过程就是学生的成长过程。虽然说成长性的目标难以度量，但仍应在教师的有效调控之中。

2. 调控地位的平等性

平等是新课程的基本要求。新课程认为，教师与学生都是教学过程中的主体，都具有平等的人格。这种师生的平等既体现在教学中，也体现在课堂调控中。在传统的课堂管理中，教师的授权是根据“师道尊严”、“知识所有权”、“话语垄断”等获取的，表现在调控方面，主要是权力专擅的禁止、处罚型。新课程调控的平等要求是使教师成为课堂教学的引导者、组织者、策划者。在调控活动中，把学生当成朋友时，与学生一起学习、对话、交流，教师尊重每位学生的思想、观点和建议，并不断予以启发和指导。学生自由地提出对教育内容的想法和主张，不断地修正自己的思想、观点和建议，配合教师的管理，共同完成课堂调控的任务。

3. 调控手段的多样性

新课程强调创建一个开放的、和谐的、积极互动的课堂，让学生在忘我地投入课堂活动时动起来，这样的课堂才能迸发出生命的活力。要让课堂活起来，就不能囿于教师满堂灌的单向教学活动形式，就是运用不同的教学活动形式。同时，也要采用多种多样的调控手段，以支持灵活多样的教学活动的开展。

4. 调控过程的反复性

课堂调控是一个信息指令发出和执行情况反馈的过程，教师要管理学生课堂行为，又要根据学生的反馈来调整自身的课堂行为。学生接受教师的管理指令进行自我行为调整，并将调整结果的信息反馈给教师，以促使教师做出课堂行为的再调整。但中小学生的性格活泼好动，行为具有反复性。对同一个课堂行为，很少是一次调控成功，或者是在不同的课时中反复出现，或者是在同一课时中反复出现的情况都是有的，特别是趋于习惯化的负性行为，如上课做小动作、说话等。对这些明显影响课堂秩序的行为，过去有些教师往往采取训斥、罚款甚至体罚的消极调控的方式处理。新课程是民主、平等的人性化教育，绝对禁止体罚。对这些反复出现的负性行为，教师要注意调控的长期性。在课堂一旦发现学生又出现违纪行为，要耐心地用自己的语言、动作等给他们以暗示，逐渐纠正学生的不良习惯。

**(四)课堂调控应用类型**

现代教学管理引入控制论的理念，认为课堂调控已不仅是管秩序抓纪律了，而是整合教学资源，提高教学效率的重要途径，很多课堂的因素都可成为调控的手段，调控技能的范围大大地扩大，类型多种多样。从使用频率来看，可以分为常规调控和突发事件调控；从调控的范围来看，可分成宏观调控和微观调控；从调控的对象数量来看，可分为整体调控、分组调控、个别调控。按不同的标准，常用的课堂调控技能可以分为如下几类：

1. 按教学的过程分类

从调控的时间过程来考虑，调控的过程可以分成三个阶段：调控设计(备课准备)；现场调控(课堂教学)；调控总结(课后反思)。

2. 按调控的媒介分类

教师在课堂对学生的学习活动进行调控，从承载调控信息的媒介上分，主要有两类：一是教师的活动行为，一般为口头语言和体态语言；二是教具，最常用的是板书和多媒体，在一些专业课程，还会用到一些特别的教具。

3. 按调控的性质分类

调控是整合教学资源，优化教学过程。因此，大多数进行课堂教学的方式方法都可以作为调控的手段。从这个意义而言，调控技能有单纯性和兼容性之分。单纯性调控的方法是指直接对学生施加调控性指令，如教室座位排序、教学环节与时间节奏的协调、纪律秩序调控等。复合性调控有教法调控、学法调控等。

4. 按教学的组织分类

传统的课堂教学组织主要是班级授课式，新课程提倡自主学习、合作、探究、实践学习，多样化的教学组织形式要求课堂调控技能的多样化，虽然大多数基本调控技能是通用的，但不同的教学组织有不同的调控重点。所以，从教学组织形式分类，可以分为讲授教学调控、对话教学调控、自主学习调控、合作学习调控、探究学习调控、综合实践调控。

5. 按调控的效用分类

课堂调控是推进课堂教学的动力活动，有往前拉动、平行移动，也有从后推动。当某个学生在教室吵闹时，教师可以斥责，令其安静，使课堂恢复秩序。教师也可以用停顿的方法，制造空场的压力。也可令其发言，对其发言中的可取之点大加褒奖。同样的课堂行为的处理，教师是有选择的，而且这种选择对于学生的发展至关重要。可以把这种选择对学生的效用进行分类。用于激励的，为积极调控，如教法调控、学法调控、情绪调控等；属于管理技能类的，为技术调控，如空间调控、时间调控、教具调控等；还有维护课堂秩序的，为消极调控，如言语斥责、罚站、留堂等。

## 三、课堂调控技能应用方法与要求

“调控有法，而无定法。”课堂调控方法运用得巧妙，就能产生良好的教学效果。因此，教师就要根据教学本身具有的规律性，遵循调控原则，确定和使用调控方法。教学资源的整合、教学过程的优化、课堂秩序的井然有序、教学效率的提高，是由多种因素、多种调控方法的合力作用而产生的优良效果。在课堂调控实践中，常常是“一法为主，多法为辅”，有时是多种调控方法的综合运用。多掌握一些调控方法，是取得课堂教学成功的保障。

### （一）非语言调控

1. 非语言调控概述

非语言表达调控是指教师通过运用动作、表情、姿态等体态语言，传达课堂管理信息，调控课堂秩序或气氛的方法。像收住话题、注视学生、微笑、蹙眉、适当地走近分神的学生、高低快慢的表达节奏、抑扬顿挫的声调、用饱满而严肃的态度影响学生情绪等，都是常用的体态语控制方法。非语言表达的体态语主要为：

⑴手势语。手是人体中强有力的表情器官。有手的指、掌、拳、腕、臂等不同造型及伸、抓、握、摇、摆、挥、摊、按、推、劈、举等动作节拍所形成的手势，可以描摩复杂的事物状貌、传递丰富的内部信息、表达特定的含义。在教学中，还能有效地引导学生思索，把课堂组织成一个节奏分明的有机整体，把教育者和被教育者的思维联结起来。手势表达的潜力是很大的，教师应当熟练巧妙地使用这一有力的表达工具。

⑵面部表情语。面部表情是由脸的颜色、光泽、肌肉的收与展，以及脸面的纹路和脸部各器官的动作所组成的。它以最灵敏的特点，把具有各种复杂变化的内心世界最迅速、最敏捷、最充分地反映出来。面部表情是人内心情绪的晴雨表。教师要学会控制和运用表情来教育学生，同时又要善于察言观色，以获得学生的反馈信息。

⑶眼神语。眼神是面部表情中最富于表现力的部分。行为科学家认为，只有当你同他人眼对眼的时候，交际的真正基础才能建立。俗话说：眼睛是心灵的窗户。在教学中，眼神的灵活变化及丰富内涵有时比语言表达还来得微妙。教学中的眼神表达，对教育者来说是此时无声胜有声，而对受教育者来说则是心有灵犀一点通。

⑷体态语。体态是由体动和姿态组成的，体动是指身体的动作，姿态是指身体的造型。基本归为四个类型：一是接近，是指注意的和前倾的体态；二是退却，包括各种消极性的动向，如退却或避离；三是伸展，是指骄傲、自负的体态，昂首挺胸；四是收缩，是指消沉的垂头丧气的体态。教师的教学体态表达，乃是教师富有素质和精神内涵的审美展示，任何形体及动作上的扭捏造作、矫情招摇，都是有害于教师讲台形象塑造的。

一般来说，非语言调控的运用必须明白、准确，只有使学生能理解，才能发挥较大的作用。这是对教师态势语言的质的要求。在态势语言中，面部表情的关键是眼睛，它永远是语言与行动的先导。同时，我们还要注意一个繁简适度的问题，同一态势语言在同一段时间内出现的次数更不能过于频繁。另外，我们还要注意态势语言朴素、自然、大方。这是对态势语言运用上的风度要求，也是态势语言区别于有声语言的显著标志。

2. 非语言调控的基本方法

(1) 短暂沉默法。在学生听课不专心、思想开小差，或者说话、做小动作时运用。教师讲课时，发现有上述情况，突然收住话题，沉默片刻。这时，刺激强度发生了变化，学生会不自觉地把目光转移到教师身上。此时，教师再以目光予以注视，学生就会马上有所意识，重新将注意力集中在课堂教学上。

(2) 目光注视法。当教师捕捉到有不当行为的学生的目光时，即刻以一种表示不满的、强烈的、连续的目光接触该生的目光，并辅之以皱眉、扬眉以示提醒，使之意识到教师已经觉察到他的不当行为。运用该法，既能不使学生有过大的窘迫感，又能保持教学的正常进行。

目光的运用也许是最有意义的非语言交流通道。这是因为，我们的目光和视线可以是移动的，可以传递怨恨、害怕等，有经验的教师常常运用目光和视线接触来控制课堂中的互相作用。

(3) 身体逼近法。该法是指教师通过逐渐向有不当行为的学生走近，促使学生有所意识并及时改正的方法。事实上，只要教师表露出向有不当行为的学生走近的举动时，就会使该生迅速改正不当行为。

教师和学生之间的距离在某种程度上对交流有重要的影响。由于人和人之间的距离的缩短，相互交流的质量出现显著的变化。当教师和学生的距离拉大时，上课时更多的是教师单方面讲课；当教师和学生的距离缩短时，就会出现两方随意地互相交流。教师越靠近学生，学生就更会感到自己处于课堂活动中，并且他们的举止也表现出他们是受到教师尊重的。

(4) 有意忽视法。该法适用于不当行为(甚至破坏性行为)中暗藏着赢得他人注意愿望的学生。对于有该种不当行为的学生，若教师采取言语反应，可能正好迎合其正在寻求的目的。采用此法，实际上是向其表明，教师对他的不当行为完全可以保持泰然自若，无须用言语方式回敬他，使其自讨没趣后改变这种行为。

**(二) 口头语言调控**

语言是人们交流思想感情的工具。在教学中，知识的传播、思维的引导、认识的提高、能力的培养，处处都需要通过语言这个载体来实施。教学无论用什么形式和方法，都离不开教师的语言。因此，对课堂教学的有效调控，在很大程度上取决于教师的语言组织和表达能力。关于这一点，我们将重点分章介绍，这里就不详细谈论了。

**(三)教学媒介调控**

1. 板书调控

板书指的是教师讲课时在黑板上所写的文字、符号以及所画的图表。除了教师的口头语言和体态语言，课堂调控用得最多的手段莫过于板书了。板书直观，能长时间地向学生传递信息。所以，能够提起学生注意，激发学生的兴趣，启迪学生的思维，是进行课堂调控非常重要的手段。

**(四)多媒体调控**

多媒体是教学活动中承载和传递教学信息的材料和工具，它是联系教师和学生的中介，其作用是直观、生动形象、感染力强，能加深学生对所学知识的印象和理解，而且省时省力，能较大幅度地提高教学效益。尤其是录音、录像、电影、电视和多媒体计算机教学系统等现代教学媒体，对于丰富教学内容，缩短教学时间，提高教学质量和效益，都有重要的作用。在新课程的要求下，教师要注重应用现代教学媒体开展教学活动，以期优化教学要素的结构和实现教学过程的有效控制。

多媒体调控效果强烈，容易集中学生的注意力。多媒体图文并茂，集文本、图表、动画、视频、音乐于一体，集中生动形象的优势，非常容易吸引学生在课堂上的注意力。多媒体调控突破空间限制。现在的中小学很多是大班上课，人数多的有六七十学生一个班，拥挤嘈杂，坐后排的学生，经常听不懂、看不清。多媒体屏幕大，图像清晰，色彩缤纷，坐哪都能看得很清楚，自然减轻了课堂座位排序的压力。多媒体调控节约板书时间、加快学习进度。多媒体不像板书，要现场书写，多媒体课件一般都是事先制作好的。上课时只要播放即可，现场演板的时间就节约出来了，自然学习进度就可以快一些。

**(五)课堂环境调控**

影响课堂教学的环境因素可分为两个方面：一是物理环境；二是人文

环境。物理环境主要指课堂空间环境，人文环境主要指班级规模、学习风气等。

1. 课堂物理环境

所谓课堂物理环境，主要指师生生活于其中的，并能影响其行为的一切物质条件的总和，它包括师生赖以依靠的课堂物理条件，如空间、光线、温度、颜色、气味等物理性因素。具体地说，就是课堂的面积、教学设施、设备、灯光、声音、教室布置情况等因素。

课堂物理环境的调控受到很大的限制。唯一可以调控的是学生的座位。有关研究表明，坐在前排的学生大多在学习上过分依赖教师，其中也可能有一部分是学习热情较高的；但坐在后排的学生，通常有捣乱和不听讲等问题行为。英国教育理论家曾对课桌椅的排列方式做过观察实验，结果显示，秧田式排列时，学生学习努力的程度是圆桌式的两倍，而坏习惯(如心不在焉等)的出现频率，则圆桌式是秧田式的三倍。由此可见，采用什么样的座位编排方式对学习成绩及课堂行为均有一定影响，自然要求加强管理。

座位调控的基本要求是定期调换，一般按前后、左右交替轮换。调换的目的首先让所有的学生平等地享受教育资源，其次是有利于用眼健康。

座位调控的特殊方法是重点换位。一般有两种情况：一是预防性调控，安排有问题行为的学生坐在守纪律的学生旁边，避免问题行为的蔓延；二是学业上的补救措施，安排优等学生带后进学生。

2. 人文环境

人文环境主要是指班级的规模和班级的学风，同时也包括班级心理环境，即班级人际交往形成的心理联系，如学校的校长、教师、其他班的学生和家长之间的关系。

(1) 班级规模。班级规模是指一个固定教学班的人数的多少。通常国际上的标准在30人左右，我国的标准在50人左右。班级规模是制约调控力度的重要因素。一般来说，班级规模越大，学生人数越多，课堂管理的难度也就越大。在教学实践中，班级规模会影响学生的课堂行为表现。有关研究表明，随着班级规模的增大和学生个人生活空间的缩小，学生在课堂上往往表现得好动、不安、注意力分散，攻击性行为和课堂冲突也随之增加。另外，班级规模也会影响学生的情感联系和人际交往。集体越大，情感纽带的力量就越弱，同学间相互交往、了解的机会就越少，班集体的凝聚力就越不容易形成，良好的集体风气和行为规范就越不容易树立。这些无疑会给课堂管理带来一定的影响，也给正常的教学活动带来一定的影响。因此，适度控制班级规模，无论对于提高课堂管理效率，还是最终提高教学质量，都具有重要意义。但是，班级的规模也是教师无法控制的。特别是有些地方班级学生爆满，甚至多达七八十人一个班。教师一堂课下来，有精疲力竭之感。对于班级规模过大的调控，主要以整体调控为主、以个别调控为辅。

⑵学习风气。学习风气是指一个固定班级在以往时间里形成的整体的教和学的氛围。具体表现为课堂纪律状况和学习态度。教一个学习和纪律状况比较差的班，教师进行课堂教学会感到非常吃力；而在一个学习和纪律状况比较好的班，教师会感到轻松愉快，也就是比较容易进行良好的课堂调控。而班级学生的良好的课堂学习态度和遵守课堂纪律的自觉性不是一朝一夕养成的，也不是少数学生能左右的，它是班集体长期努力奋斗的结果。我们应当充分发挥良好的班集体的作用。发动学生自己参与课堂管理，从而形成良好的课堂群体规范和风气，制约全班的课堂活动。

### （六）课堂组织调控

1. 教学设计调控

课程设计的调控是指在准备课程教案时，同时制订一个整体对课程的实施调控计划。调控计划的制订基本分四步：首先，确定课程内容调控要求，根据教学目标、课程资源、教学方法的特点，提出相应的调控要求；其次，分析学生的情况，如班级规模、学风学纪、学困生的比例等与调控相关的因素；再者，组合调控资源，选用恰当的教师行为、教室设施、辅助教具等承载物；最后，通过文字的形式，把设计文本化，使之精确，可查看、可检测、可评价。

当然，我们安排调控的预设，并不排除课堂的生成，这是常规调控和动态调控的关系。常规调控是主线，动态调控是旁支，逸出的旁支必须回到主线。否则，计划调控就失去作用，课堂的时间效率也就无从保证。

课程设计的调控方案可以采取两种形式表述：一种是教案标注式，即在普通的备课教案中增加调控的内容标注；一种是专门调控计划，即以调控为主体的课堂教学计划。

这些调控技能有时间上的约束。常规的有：①上课前站在教室门口，通过体态语示意学生尽快进教室，并作好相应课程的准备；②上课铃响后，通过目光、表情、手语等动作提醒学生安静，进入上课状态；③正式讲课前，可进行考勤、检查作业、复习提问、说明本课的教学目的任务等工作，动员学生与教师配合，共同完成教学任务；④在教学过程中，为了集中学生的注意力，适当地变换教学的方式和节奏；⑤在课程段落、知识节点、一节课的结束前，进行小结或总结，并布置课后巩固性练习。

2. 课堂纪律调控

良好的课堂纪律是顺利进行课堂教学活动的保证。通过课堂纪律管理，可以培养学生自觉遵守纪律的好习惯，创设一个最佳的教学环境，提高课堂教学效率。在课堂教学中，纪律管理不仅能促进教学的双边活动顺利进行，而且是培养学生良好品行、有助于学生适应集体活动的重要手段。

课堂纪律管理是学生遵守教学秩序的行为基本要求。比如，开始上课，教师走进教室，学生起立致敬，教师要还礼；教师提问，学生应先举手，得到允许再发言；学生不准擅自离位，更不准说笑打逗；把学习用具放到指定的地方等。这些课堂常规能促使学生养成自觉遵守纪律的良好习惯，并为创造严肃、活泼、和谐的课堂气氛和学习情境奠定基础。对大多数学生而言，基本规范应该是养成行为，不需要特别强调。但新课程新的教学模式的引入，提出了“开放、活跃、快乐”的课堂教学要求，表现在课堂上就应该是自由的、平等的、交互的。这样一来，就给教师带来两难的问题：让学生在上课时思维活跃、充分表现、积极活动，课堂是“活”起来了，但有可能造成场面难控制、秩序难维持、任务难完成的后果。在既体现新课程的要求，又保持良好的教学秩序的要求下，加强课堂纪律就显得很有必要。

(1) 建立个性化的课堂规章制度。每个班级的情况不尽相同，千篇一律的规章不见得符合每个班级的具体情况，课程不同，管理要求也有不同，每个有经验的教师都有自己的个性特点和教学特点，建立一套个性化的规章制度可以提高课堂教学的效率。

(2)恰当处理课堂违纪行为与偶发事件。课堂纪律要求教师常抓不懈、持之以恒，而课堂上的违纪行为和偶发事件却具有突发性，要求教师快速反应，及时控制与处理。处理违纪行为和偶发事件的基本思路是既要尽量不影响教学进程，又要控制违纪现象和偶发事件的影响。

一般来讲，如果一个学生只是消极地完成学习任务，教师不必立即公开处理，可采用沉默、皱眉、走近等方法处理。如果一个学生的违纪行为已明显干扰整个教学过程，教师必须立即处理，并根据实际情况采取提示、暗示、制止甚至惩罚的方法。如果学生为了吸引教师的注意而出现违纪行为，教师可以用不予理睬来处理。总之，在处理违纪行为时，尽量不要中断教学的正常进行，尤其不要频繁地中断教学来处理违纪行为。常用的有下面几种：①正面提醒法；②安排工作法；③点名提问法；④个别谈话法；⑤复述制度法；⑥无言控制法；⑦停止学习法。

偶发事件是无法预料的，一旦发生又难以回避。在当前实施新课程的过程中，特别强调师生平等，师生交流、互动，学生在课中就容易表现自我，无拘无束，展示个性。有的学生常常会说一些教师意想不到的话，提出一些教师无法马上回答的问题，做一些教师没有安排的事等，常常会出现一些意想不到的事情，偶发事件的几率明显提高。教师在教学过程中遇到偶发事件，首先应冷静判断，确定问题的性质和危害等级，迅速明确解决的方向：是求助求援，还是自己控制或者让学生解决。对于一般影响教学秩序的偶发事件，先考虑转化为教学资源的可能性。如果不行，就尽快消除影响。常用的方法包括：①巧给台阶法。课堂上，对于那些好出风头或恶作剧的学生，在对他们进行批评教育时，要注意给他们台阶下，千万不能闹对立，避免把矛盾扩大。对偶尔犯错误的学生更应如此。②暂时悬挂法。把在教室中发生的偶发事件，采取淡化的方法，暂时“搁置”起来，或是稍作处理，留待以后再从容处理。③因势利导法。课堂中有些偶发事件的出现已经激起了学生的好奇心，完全吸引了学生的注意力，教师要想让学生重新注意于原定的教学内容十分困难。这时，可以转而发掘事件中的积极因素，因势利导地开展教育或教学活动。④以变应变法。当课堂教学超出原来的设想，突然出现意料不到的情况，且影响正常的教学时，教师可以以变应变。⑤借题发挥法。

把课堂教学中的偶发事件巧妙地融进自己的教学之中，利用课堂教学中出现的意外情况，借题发挥，大做“文章”。

(3)树立教师课堂威信，建立和谐的师生关系。新课程强调平等教学，但并不否定在课堂上树立教师的威信。赞科夫说：“如果没有威信，那就是说，师生之间没有正确的相互关系，就缺少了有成效地进行教学和教育工作的必要条件。”有威信的教师，可以用轻轻一句话甚或一个眼神，使乱哄哄的课堂刹那间安静下来。威信不高的教师，即使大声训斥，也不能使学生信服和听从。在课堂教学实践中，有相当一部分课堂纪律问题往往是教师本人引起的。比如，不认真备课，没有真正的教学目标，不知把学生引向何处；讲课中时常出现停顿，学生无所事事，使违纪学生有机可趁；讲课内容过难或过易，速度过慢或过快；教师举止也会造成纪律问题，如上课迟到、组织教学不力、态度生硬、师生关系紧张、不注意自己的仪表、举止不文雅、动作不规范，都易让学生暗中模仿或分散他们的注意力，引起他们的议论和评价。

良好的师生关系，有助于课堂管理的顺利进行。隔膜乃至对立的师生情绪会成为课堂管理的严重障碍。如果在学生的心灵深处建立起师生关系的肯定情感，他就会把自觉遵守课堂管理的各种规范，同时看成是维护师生之间的友好情感的需要。美国著名教育心理学家皮尔逊说：“为了得到教师的爱，学生可以去做各种教师所喜爱的事，甚至去学习他最不感兴趣的科目。”

课堂规范和制度的建立与执行不能一言堂，不能只是教师自己说了算。要充分引导学生认识课堂规范和制度的意义，鼓励他们发表自己的意见，组织他们参与规范和制度的制订，并通过学生参与来执行相应的规范和制度。要促进学生从规范和制度的被动接受者转变为主动的参与者，使他们成为制度和规范建设的主人，把课堂规范和制度管理过程作为规范和制度教育的过程。

**(七)教学节奏调控**

课堂教学节奏是指课堂教学过程中各种可比成分在时间上以一定的次序有规律地交替出现的形式。这些可比成分主要有教学的密度、速度、难度、重点度、强度和激情度等。通过这些可比成分的有规律的交替和变化，教育者不仅可以有效地传达自己的情感、态度，突出教学的重点、难点，而且可以有效组织教学和调控学生的注意力。课堂节奏的调控，主要是指教师在课堂教学的过程中，根据学生的生理和心理发展水平，有规律地施加教育影响力，从而使课堂教学过程呈现张弛相间、高低参差的一种现象。教学节奏具有多种多样的表现形式。如缓急有序、动静相生、疏密相间、起伏有致、详略得当、有张有弛、收放自然、浓淡适度、抑扬顿挫和随机应变等。因此，教师应设计合理的教学梯度，力求有张有弛，课堂教学节奏进行调控时，重点要从教学内容的难易、教学速度的快慢、教学过程的张弛来把握。

## 四、课堂调控技能案例示范

调控技能形成是一个从学习借鉴到自我训练，再到实践检验的不断提高的过程。我们提供下列调控个案，分析其调控技能的运作情况，以积累一些感性认识和经验。

【案例1】失败的案例

杨老师上二年级语文练习课。上课时，要求全班学生自己做两道组词练习，声明十五分钟后检查练习结果。【任务明确，但给予的时间过长，埋下了纪律隐患】大约三分钟后，杨老师见学生都在做练习，便悄悄离开教室，到办公室取学生的另一本作业本(顺便改掉还没来得及改的几本作业本)。当她在约十分钟后返回时，只见教室里一片混乱，学生大声说话、喊叫、丢书本、丢练习本，你追我赶的，班长彭波正拍着桌子对大家吼叫。【离开教室时应把约束权交给学生，提高学生干部的威信】一见老师来了，学生都赶快坐在自己的座位上。教室安静下来了，有的学生还赶紧做作业。杨老师很生气地走进教室，把作业本重重地往讲桌上一放。【课堂已平静，就不应追究原因且调控行为不当】厉声说:“怎么回事？谁带头闹的?”彭波马上站起来说:“刘金凡和龙秋生最先吵起来，我说他们，他们不听，还捶桌子，然后大家就——”还没等他说完，就有两三个学生高声说：“彭波先拍桌子！班长先拍桌子！”【说话过于严厉，调皮学生推脱责任，逃避惩罚】彭波急忙辩解：“我拍桌子是叫你们别吵！”情急中，又无意识地拍了一下桌子。杨老师高声说：“大家不准再吵了！【调控方向模糊，应明确学生干什么】彭波你出来!”说完，就朝室外走去。【调控对象错误，应是全体】彭波的脸腾地红起来，坐在座位上没动。杨老师转身又喊了一句，彭波还是不动。杨老师气极了，走上去一把将彭波从座位上拽起来，并在彭波的哭泣和挣扎下把他拖出了教室。【言语行为极端情绪化，学生自尊受到极大伤害，产生逆反心理】在办公室，杨老师气不能平，大声问："你为什么拍桌子?""认不认错?""还了得，叫你都叫不动!"【强迫认错，使学生是非观念不明】

后来，一连好多天，彭波无精打采，无论什么课都不叫"起立"了。上语文课时，他干脆自己也不起立。杨老师没有找他谈话。一周后，杨老师撤销了彭波的班长职务。【不主动承认过失，后果严重】

**【案例2】成功的案例**

在写作课堂上，学生根据头天晚自习布置的几道作文题目进行紧张的加工制作。唯有王歌无所事事。

我问："王歌，你怎么不写?"

答："没本子。"

"那去校门口商店买。"

"我没钱。"

"没钱回家拿!"我的声音提高了两度。

"钥匙在我妈身上!"声音同样高了起来。

"那就找你妈要!"声音又提了几度。

"我妈单位离家远!"声音超过了我的。

【学生说的是实情，教师缺乏理性控制，引起冲突】

"那你拒绝做作业了?"高音中带有婉转的讥讽的味道。

"学习是我个人的事！"语气斩钉截铁，听来理直气壮，言外之意自不待言。

"你……"我的脑袋轰地响起来，顿觉胸闷头胀。

【冲突加剧，师生均在不冷静中逼对方走向绝境】

随着这声"你"，我看见学生的目光都射向我，似乎在等待一场风暴的来临。

【扰乱了课堂秩序，出现调控危机】

我头脑里呈现出几种解决办法，但都否定了。这时，首要的问题是熄火、冷静……接着，想一想自己的态度是否妥当，然后再善后处理。刚才短兵相接的一问一答，是老师把学生逼到了绝境，他才会孤注一掷，蛮不讲理。

【制怒，冷静分析冲突原因】

平静一下心情，整理一下思维，我对大家说："今天我们有一道作文题，叫'当我将要发怒时……'刚才的事启发教育了我。现在，我口头作文一篇，请大家评分。"教室里一反往日嘈杂，显得出奇的静。当我用近三分钟时间口头作文完毕时，教室里响起了掌声。

【补救措施，给自己台阶，勇敢地剖析自己，并把学习注意力重新引导回来】

这时，我看到不少学生在改动题目，也有人在修改内容。我急剧跳动的心慢慢平静下来。这时，王歌走到讲桌前说："老师，对不起。我下午一定把作文交给您。"我微笑着点点头，示意他回到座位上。

【榜样作用，变坏事为好事；只要认识错误，既往不咎】

通过上面的两个案例，相信大家能够看出调控的作用有多大。作为一个教师的水平和功力，也就很明显地体现出来。

## 五、课堂调控技能实战演练

课堂调控技能是教师在教学实践的过程中，通过训练形成、巩固下来，迅速、准确、流畅、熟练地完成课堂调控任务的一系列行为及智力活动形式，是中小学教师从事教学工作技能系统中的一项重要的技能，每一个从事学校教育工作的教师都应该熟练掌握，否则，就不能适应新课程的需要。课堂教学的现场调控技能具有操作性和知识性的双重性质，是需要在实践和学习训练的过程中逐渐增长的技能体系。所以，在练习实训方面的要求就比其他的技能更为重要。通过训练，应熟练掌握课堂教学过程中现场调控的基本技能，掌握各项技能训练的基本内容、步骤、方法和要求。

**[训练目标]**

1. 识记课堂教学现场调控的概念和基本原则。
2. 理解课堂教学现场调控技能的分类的实际意义。
3. 分析比较单纯性调控与复合性调控选用的差异。

4. 针对课堂中的突发问题设计解决方案。

**[ 训练方法 ]**

1. 熟练掌握课堂教学调控的各种类别和理念。

2. 熟练掌握课堂教学调控的具体方法和技巧。

3. 多到教学现场去听课，观察优秀教师的课堂教学，从中吸取经验，并运用到具体教学中。

4. 经常思考与总结，多与学生交流。

**[ 技能实战训练 ]**

1. 自我训练方法

调控技能的训练，主要是要针对自己的缺陷与不足进行自我练习。但由于技能的运用总是综合性的，在针对自己的缺陷、不足进行练习时，原有的优点也会得到进一步强化。训练方法可以分为六类：

①模仿学习法。通过多听课，多观摩别的教师上课，学习经验，借鉴教训，模仿优秀教师的一些好的调控技巧。值得强调的是，模仿只能立足于自己个性的特点之上，不能东施效颦。

②虚拟情境训练法。在空荡的教室或有较大空间的地方，想象出自己正面对全班学生上课的情境，来训练自己的言行举止。这对训练教师的走动、目光的直视和扫视、站姿、手势等技能可以起到较好的效果。

③对镜训练法。对着镜子训练，可以清楚地看到自己的表情、头部动作、手势、站姿等，训练起来很方便，而且很容易发现自己的某些缺陷，以便及时纠正。

④录音训练法。运用录音设备，针对语气、语调、音量、节奏、语速等方面进行练习，也是一种便捷有效的训练方法。

⑤日常生活训练法。在日常生活中，以人为镜，有意识地运用各种语气、语调、手势、头部动作、表情等，观察别人是否会产生你所期待的反应。如果别人产生了你所期待的反应，那么，你的言行举止的表现是正常的、合适的。反之亦然。有时，还可以主动请别人谈谈对你言行举止方面的看法。

⑥心理暗示法。这主要用来进行情绪自控训练。经常在心理暗示自己：

别紧张，我是教师，不能随便对学生发怒；别怕，我已经做好了准备。在感到紧张时，一边心理暗示自己，还可以一边做几次轻缓的深呼吸来缓解压力。

对于已经走上岗位的教师来说，最好的训练当然是在实践中训练，更能够清楚地了解自己调控技能的掌握情况。但值得注意的是，实践中一旦某次调控不当，其所产生的负面影响往往要花费很大的时间、精力才能挽回。

2. 自我评价

| 评价项目 | 权重 | 评价等级及分值 | | | 得分 |
|---|---|---|---|---|---|
| | | 优 | 良 | 差 | |
| 情绪自控 | 1 | | | | |
| 对待学生态度 | 1 | | | | |
| 面部表情 | 2.5 | | | | |
| 口语表达 | 2.5 | | | | |
| 身体语言 | 2 | | | | |
| 调控策略 | 1 | | | | |
| 总计 | 10 | | | | |

# 第七章　现代技术运用技能

## 一、真实案例导入

### 多媒体时代的彩色课堂

人教版初中语文第一册《春》的教学片段：

1. 导入

教师以动画导入：在一阵悦耳的笛声中，课题“春”字从不同的角度飘入课件画面中，课件背景为一片桃花。【在课件中引入声音、图片，学生完全陶醉在“春”意中，进入多媒体课件所营造的情境中，不用老师苦口婆心地讲解。学生们轻松快乐，思维活跃，为下一步的学习营造了良好的氛围】

2. 作者简介

清屏后，随之出现作者的头像与简介。【在作者的形象有一个感性认识的基础上再对作者的情况进行介绍，有助于激发学生学习兴趣】教师再补充作者的有关情况，使学生对作者有更深的认识。

3. 文本分析

教师配乐范读课文。【通过配乐范读，学生熟悉了课文，读好文章的愿望也被激发出来了，很快把握课文的感情基调】

学生自由朗读课文，多媒体或投影显示问题组，思考以下问题：

课文写了哪几幅图画？【用多媒体展示问题，学生一目了然，就能有针对性地进行学习，学生很容易集中注意在问题上，从而把握学习的重难点】

学生回答之后，利用多媒体课件展示五幅小画，分别对应课文中的春草、春花、春风、春雨、迎春图。【生动、形象、高效地激发学生的学习兴趣、调动学生的学习积极性，给学生一个视觉上的冲击，吸引学生的注意

力，使学生能更快地接受知识，能实现传统学习实现不了的情境，使得课堂更具美感】

五幅小画做按钮使用，用鼠标选择图片播放需要的段落，每段的形式为屏幕左边上方出现该段主题，如春草图，主题下方开一小窗口，在此小窗口可出现连续的图画、视频图像、动画等。整个屏幕的右边，在一个矩形框中出现该段文字，该段文字的范读贯穿始终。在使用时，让学生边欣赏画面，边聆听课件中的范读，然后再让学生跟读。【将文字、图像、声音等信息有机地组合在一起，声画并茂、视听结合、动静相宜，使学生如闻其声、如见其景、如临其境，从而化静为动、促进理解，轻而易举地达到突破难点、加深理解、方便记忆的教学目的】

在上面的这个教学片段中，教师充分利用现代教学手段特别是多媒体直观性、形象性的特点，结合具体的教学内容，巧设情境，让学生听听声情并茂的录音，看看栩栩如生的画面，欣赏品味形象化的词句，通过声像并茂、动静结合、情景交融的感官刺激，使学生犹如身临其境，产生激动人心的情境效果，从而激发学生学习的兴趣和求知欲，调动他们学习的积极性。

## 二、现代技术运用技能理论指导

### （一）现代教学媒体概述

1. 媒体、教学媒体与现代教学媒体

媒体是指信息传播过程中，从信息源到受信者之间承载或传递信息的物质载体或工具，如报纸、电视、杂志、手机、文字、图片、照片、声音、动画和影片。

教学媒体是指教学活动中，用以存储、交流和传递以教学或学习为目的的信息的媒体。教学媒体用于教学信息从信息源到学习者之间的传递，常见的教学媒体有口头语言、图表、图像及动画等。教学媒体往往要通过一定的物质手段来实现，如书本、板书、投影仪、录像及计算机等。

现代教学媒体是相对于常规教学媒体而言的，是指在教学中逐步利用现代技术承载和传递教学信息的工具。具体来说，就是用幻灯、电影、电视、录像、广播、语言实验室、电子计算机等现代化工具，辅助教学活动的电化教具。

2. 教学媒体的分类

根据不同的标准，常见以下几种分类：

(1)按印刷与否分类，分为印刷媒体和非印刷媒体。印刷媒体包括教科书、辞典、报纸、杂志，非印刷媒体包括图片、模型、幻灯片、录像等。

(2)按信息呈现的形式或使用媒体的感觉器官分类，可以分为三类：一是视觉媒体，如印刷品、图片、黑板等；二是听觉媒体，如口头语言、录音机、广播等；三是视听觉媒体，如电影、电视、计算机。

(3)按适用的教学组织形式分类，可以分成四类：一是课堂展示媒体，如投影、录像、黑板等；二是个别化学习媒体，如印刷品、录音带等；三是小组教学媒体，如图片、投影、白板等；四是远程教育媒体，如广播电视、计算机网络等。

(4)按媒体发展的先后分类，分为传统教学媒体和现代教学媒体。

(5)按媒体的物理性质分类，分为光学投影教学媒体、电声教学媒体、电视教学媒体和计算机教学媒体。

(6)按其他分类方法分类，比如，按照媒体的交互性或主动性分类，按照媒体的抽象程度分类，按照价格分类等。

3. 现代教学媒体的特点及功能

现代教学媒体不同于传统的教学媒体，它具有以下鲜明的特性：

(1)高表现性。现代教学媒体突破以往简单平面的信息传播方式，通过多种感知方式，将各种符号形态的信息传送到一定的距离，更生动、更直观、更鲜明地传递教学信息，使之立体化、形象化。

(2)可控制性。现代教学媒体可以通过技术手段的控制，调节时空因素，使原本难以传递和获取的信息更清晰地得到展示，从而更好地传递。可控制性便于师生更深入地投入到教学活动中，使师生双方能更有效地发挥主导作用和主体作用，成为教与学的主人。

(3)易接受性。由于现代教学媒体可以经过多种感知渠道将信息传递给接受者，使接受者同时通过多种感觉通道感知信息，多种感官协同参与，从而更易于接受、更易于理解，有利于提高认知的效率。现代教学媒体传递信息的方式不仅更具直观性、生动性、鲜明性，而且更具新颖性，因而接受者更易于集中注意，更感兴趣。

(4) 能动性。教学媒体可以离开教师的活动，让学生独立学习。优秀的录像教材和计算机课件的确可以代替教师上课。精心编制的教学软件一般都符合教学设计原理，采用的是最佳教学方案，尤其是由教学经验丰富的老教师参与设计、编制的教学媒体，较之缺乏教学经验的年轻教师来说，其教学效果往往会更好。

### (二) 多媒体

1. 多媒体的概念

从字面上看，多媒体就是由单媒体复合而成的。多媒体技术是以计算机为中心，把语音处理技术、图像处理技术、视听技术都集成在一起，并把语音信号、图像信号先通过模数转换变成统一的数字信号后，计算机就可以对它们进行存储、加工、控制、编辑、变换、查询、检索。

2. 多媒体教学特点

在多媒体计算机这样的交互式学习环境中，学生可以按照自己的学习基础、学习兴趣来选择自己所要学习的内容。此外，多媒体具有图、文、声并茂等特点。多媒体技术的显著特点，是任何其他媒体所没有的。多媒体教学的特点表现在以下几个方面：

(1) 直观性，能突破视觉的限制，多角度地观察对象，并能够突出要点，有助于概念的理解和方法的掌握；

(2) 形象性，图文声像并茂，多角度调动学生的情绪、注意力和兴趣；

(3) 动态性，有利于反映概念及过程，能有效地突破教学难点；

(4) 交互性，学生有更多的参与，学习更为主动，并通过创造反思的环境，有利于学生形成新的认知结构；

(5) 扩充性，适量的媒体实验实现了对普通实验的扩充，并通过对真实情景的再现和模拟，培养学生的探索、创造能力；

(6) 再现性，有利于突破教学中的难点和克服遗忘；

(7) 针对性，使针对不同层次学生的教学成为可能；

(8)高效性，大信息量、大容量性，节约了空间和时间，提高了教学效率。

### (三)其他教学媒体概述

1. 视觉媒体

视觉媒体分为非投影视觉媒体和投影视觉媒体。非投影视觉媒体在教学中又被称为常规教学媒体，主要有教学板书及印刷的文字材料、图片、图表、模型与实物教具等；投影视觉媒体主要有幻灯、投影和实物投影等。

2. 听觉媒体

听觉媒体指的是各种为教学目的而录制的和传播的人声和其他声音。教室里常见的音响设备就是话筒、扩音机、录音机及CD等。

3. 视听觉媒体

视听觉媒体集视觉媒体和听觉媒体的功能于一身，通过有声的活动的视觉图像，生动逼真地传递教育教学信息。常见的视听觉媒体有电视、录像、影碟机、多媒体投影仪等。

## 三、现代技术运用技能应用方法与要求

### (一)课件开发

随着计算机技术和网络技术的迅速发展，我们已经进入信息时代，人们的生活、学习、工作方式都在发生着巨大的变化。许多学校都建立起校园网和多媒体教室。随着现代教育技术在教学中的广泛应用，多媒体教学课件的开发与制作越来越成为广大教师所应掌握的一种技术。但目前计算机辅助教学的开展还没有达到人们所预期的效果。制约其发展的因素除了适合课堂教学使用的课件太少外，在课件的制作中也存在一些问题。例如，课件选材立意不当，开发价值不高，许多课件只是将一堂课的内容照搬到屏幕上，将原本用实验或实物演示更直观、更形象的教学内容用课件来演示。课件内容就是大段课本内容的翻版，课件的灵活性、可控性和易用性不强，课件缺乏严谨的科学性，课件的内容易过时，缺少前沿性，课件缺乏艺术性，课件的兼容性和稳定性不高。基于这样的现状，多媒体课件的开发应遵循以下原则：

1. 多媒体课件的开发原则

(1)教育性原则

多媒体教学课件的开发必须以教学大纲为依据，并根据教学目的与要求，发挥计算机多媒体图文并茂、形声并举的优势来表达教学内容，交互地实施教学。多媒体课件应对学生获取知识、发展能力、培养品德起到良好的教育作用，以有益于学生的个性发展。因此，为了体现课件的教育性，在设计课件时应注意三点。一是要明确教学目标。既然教学课件是依照教学大纲编制的，就应该首先明确教学目的。二是要突出重点、难点。必须根据教学大纲的要求，围绕教学中的重点、难点或关键性问题来设题立意。三是要激活教学形式。计算机辅助教学具有传统教学方式所无法比拟的优势，其课件设计要灵活多样，要用图、文、声、像交替地表现教学内容，突出教学内容的主体。

(2)科学性原则

科学性无疑是课件的重要原则之一。课件中显示的文字、概念等的表达要力求准确无误，语言配置也要准确。运用多种媒体时，要按照学生的认知规律，恰当利用文字、图像、动画、声音等对学生的视觉和听觉形成良性刺激。值得注意的是，一些刚着手制作课件的教师普遍犯有过分追求声音效果或视觉效果等毛病，如自始至终地播放背景音乐，或每一次内容的切换都伴有很长的声音效果，或界面上反复出现许多精美的与教学内容无关的小动画等。这样的课件虽然吸引了学生，但却分散了学生的学习注意力，这样的课件设计也是不科学的。

(3)辅助性原则

辅助性是指学生利用课件演示，加深理解教师课堂讲解的内容。计算机多媒体技术虽然有很多优势，但它不能完全取代教师上课，就像计算机不能取代人的思维一样，必须与教师的讲授结合起来才能发挥最大的效能。

(4)适度运用原则

利用认知学习和教学设计理论，适当运用多媒体课件，创设情景，使学生通过多个感觉器官来获取相关信息，提高教学信息传播效率，增强教学的积极性、生动性和创造性。在课堂教学中，要把一定的时间和空间留给学生，让他们理解、思考、交流、质疑，决不能把课堂教学变成课件展示的过程。

(5)艺术性原则

一个优秀的多媒体课件，不但要取得良好的教学效果，而且还应该是一件完美的艺术品。实践证明，通过精巧的设计和完美的艺术构思，完全可以将知识中那些抽象、枯燥的内容转化为形象、生动、富有艺术感染力的内容。美的形式能激发学生的学习兴趣，使得学习效率大幅度提高。

2. 多媒体课件的开发步骤

多媒体课件的开发步骤，主要从三个方面体现，即选题、设计与制作。

(1)课件的选题

多媒体课件应用的目的是优化课堂教学结构，提高课堂教学效率。概括而言，选题应根据教学内容的必要性和可行性来进行。选题时，应该注意以下几个方面：

①选取那些用常规方法无法演示或不易演示的内容；

②选取课堂上用常规手段不能很好解决的问题，也是教学中的重点、难点；

③选取那些有较强的抽象性，通过形象展示可以提高教学效率的问题；

④能够对课堂教学起到化难为易、化繁为简、变苦学为乐学等作用；

⑤能够通过提供与教学相关的媒体信息，创设良好的教学情景，扩大学生的知识面；

⑥课件内容在一定程度上具有大学科通用性，能够扩大课件的运用范围和使用效率。

(2)课件的设计

多媒体教学课件讲究系统与层次，经过精心设计与安排，使其以一定的排列组合方式相互联系、相互作用，形成一个有机整体，建构一种新型的学习模式。这种模式能激发学生的学习兴趣，最大程度地提高学习效率。应从以下几方面着手：

①从选材立意入手

我们在选材立意时，首先要考虑课件的开发价值，即这堂课是否有必要使用课件。其次，要注意课件的内容不能仅局限于一堂课的内容。应当根据课堂教学实际，进行丰富和扩展。制作教学课件时，要依照内容确定结构，不能照顾结构而改变内容。设计的第一个步骤是教学内容的模块化设计。从大到小细化直至单个信息块，再用流程线将各模块连接为树状结构。这种结构的优点是条理清晰、层次分明，符合教学内容逻辑。

②从课件的灵活、可控、易用入手

在设计课件时，就要考虑到课件的灵活、可控和使用的方便。一个好的课件应能适应不同教师授课特点的要求。因此，课件要有一目了然的目录和能够随意跳转的按钮，能够让使用者轻松地选择内容进行播放、演示。同时，课件也要避免太过复杂，造成教师把宝贵的课堂时间浪费在课件的调试和运行控制上。具体应注意以下几点：一是课件的安装、运行要方便；二是课件的操控界面要友好；三是课件要有良好的交互性；四是课件要方便修改和扩充。

③从课件的艺术性入手

课件的艺术性即视听元素的美学性。一个课件的展示不但要取得良好的教学效果，还应该使人赏心悦目，获得美的享受。所以，在整体结构及每一个页面的设计中，要尽量利用艺术创作规律，使美的形式与知识内容达到完美结合，使其在传授知识的同时，真正具备艺术品的直观、生动、形象的特征，从而创造一个轻松愉快的学习环境，使得学习效率大幅度提高。具体表现在：界面的布局要简洁明快、突出主题；颜色的搭配要合理，避免过于强烈的色彩反差，要符合学生的视觉心理；图片的使用要小而清楚，避免引用一些尺寸过大的图片，尽量使用 jpeg 格式或 gif 格式的图片；对象的逼真程度、科学性要高，条件允许时也可以使用一些三维图片；配音的选择要恰到好处，不要使用过多的按钮配音，尽量避免尖锐、激烈的音乐，适当地选用一些符合特定情境的背景音乐；动画的运用要少而精。

④从兼容性和稳定性入手

要选用兼容性好的开发平台，尽量做到课件的系统无关性，最好做成能够独立运行的 EXE 文件。在稳定性上，要多在各种环境下运行课件，找出不稳定的因素并尽量避免。

(3)课件的制作

课件制作应提倡群体协作精神，进行合作开发。教师个体进行课件开发制作，往往受自身条件和时间的限制，会有较多的困难。合作开发是保证课件与学科整合的基础。

课件制作工作的主要步骤如下：

①素材搜集。根据内容要求对各个知识点所需的多媒体素材进行搜集。图文资料一般采用键盘输入、光学扫描、数码照相、搜集光盘素材等方法。动画、视频素材主要来源于录像资料、动画制作，音效素材一般搜集录音带、CD 和 MIDI 制作等。

②编辑软件选择。运用现代化的教学手段，对教师提出了更高的要求。因此，合理地选择多媒体课件开发平台就显得尤为重要。选择多媒体课件开发平台应遵循以下原则：功能强大，界面友好；易用易学，容易上手；支持扩展，允许二次开发；兼容性强，包容性好；支持打包，便于发布。目前，使用较多的多媒体开发平台有 Authorware、Director 及 PowerPointXP 等。对于初学者，选用 PowerPoint 作为开发平台是一个不错的选择。

课件制作完成后，如果时间条件允许，可以先请有关学科专家或专业课教师多次调试，提出修改意见进行最后完善，而后正式投入使用。这也是很重要的一个环节，是确保课件质量的最后一关。

总之，多媒体课件的制作是一个艰苦的创作过程。优秀的课件应融教育性、科学性、艺术性、技术性于一体，最大限度地发挥学习者的潜能，强化教学效果，提高教学质量。

### (二)媒体选择

我们都知道教学媒体有很多的作用，但并不意味着使用了多媒体就一定能实现教学的优化，必须选择恰当的教学媒体才能提高教学质量。发挥媒体的作用，提高教学效果，应根据教学的实际情况，选用最优的教学媒体。

1. 教学媒体选择的原则

为了达到增强教学效果、提高教学效率的目的，最大限度地发挥各种教学媒体的优势，教学媒体的选择应遵从以下原则：

第一，教学实用。按照需要，选择合适的媒体进行教学。如投影的静态展示功能、录音机的播音功能以及多媒体的多感观功能。还应坚持“以学生为中心”的思想，根据实际情况，按照学生的需要来使用各种媒体来教学，要考虑到各层次学生的接受能力和反馈情况。总之，根据实际需要，综合运用各种媒体，充分发挥媒体的优势。

第二，内容正确。教学媒体的内容应具有科学性，决不能出现错误，这是至关重要的。

第三，形式美观。教学媒体的字体要大方适度、排列适当，画面要清晰，具有美感。

第四，经济实效。选择教学媒体时，要考虑经济效益，力求节约，避免浪费。

第五，手法创新。制作媒体时不要简单模仿，更不能为了追求美的画面，脱离实际教学需要。

第六，卫生保健。媒体的选择和运用要符合学生的年龄特点和需要，避免给学生带来强烈的视觉刺激、听觉刺激。

2. 教学媒体选择的依据

教学中选择教学媒体主要应考虑以下几个方面：

一是教学目标。为达到不同的教学目标，常需使用不同的媒体去传输教学信息。以外语教学为例，让学生知道各种语法规则与使学生能就某个题材进行会话是两种不同的教学目标。前者往往采用教师讲解，辅以板书或投影材料，使学生在井井有条的内容安排中形成清晰的语法概念。后者往往采用角色扮演并辅以幻灯或录像资料，使学生在情景交融的沟通条件下掌握正确的言语技能。但假如是为了纠正学生的外语发音，则最好采用录音媒体。教学媒体的选择和组合必须首先考虑是否有利于教学目标的实现。

二是教学内容。依据教学内容：各门学科的性质不同，适用的教学媒体会有所区别；同一学科内各章节内容不同，对教学媒体也有不同要求。如在语文学科中讲读那些带有文艺性的记叙文最好配合再造形象，应通过能提供某些情景的媒体，录音机就应该是最佳选择。所以，应使媒体提供的教材辗转变化，才能帮助学生理解。

三是学生特点。根据教学对象：不同年龄阶段的学生对事物的接受能力不一样，选用教学媒体必须顾及他们的年龄特征、智力水平、经验积累、认知特点。例如，小学生注意力不容易持久集中，在小学低年级教学选择媒体时，应根据学生思维的直观形象性，多采用图形、动画和音乐之类的媒体，较多地使用幻灯、电影和录像。而到了高年级，学生的感知的经验逐渐丰富起来，注意力持续集中的时间延长，在选择教学媒体时传递的内容则增多了分析、综合、抽象、概括，同一种媒体连续使用的时间也可长些。

四是教学策略。教学中能否选用某种媒体，还要看当时当地的具体条件。其中，就包括资源状况、经济能力、师生技能、使用环境、管理水平等因素。录像教学具有视听结合、文理皆适的优点，但符合特定课题需要的录像片是不是随手可得呢？语言实验室是一种极其有效的媒体，但并非每个学校都有能力置备，因陋就简地采用录音机代替也是可以的。使用计算机辅助教学前景可观，但除了需要资金购买计算机，还得培训使用人员。若教室不具备遮光设备，就连“价廉物美”的投影、幻灯都用不上。

## 四、现代技术运用技能案例示范

**【案例】**

在教学语文第一册看图学文《秋天到了》一课时，一位教师借助投影、录音、录像等多种电教媒体，取得了一定的成效。

（一）利用投影，帮助理解句子

在导入新课时，把按书上的插图制成的幻灯片清晰地打在屏幕上。此时，学生的注意力一下子集中到这幅放大的秋景图上。然后，引导学生掌握观察图画的方法，并把图文加以对照，指导学生边看图边学文。

《秋天到了》一课的幻灯片中，南飞的大雁能随意运动，变换队形。因此，在教学“一群大雁往南飞，一会儿排成个一字，一会儿排成个人字”这句时，先让学生观察大雁飞时排成的一字形的队形，而后又抽动幻灯片，让大雁边飞边换队形。书本上一句抽象的话，变成了学生看得见的具体画面，静态的语言变成了动态的情景，用直观的演示代替教师的讲解，收到了很好的效果。

（二）利用录音，引导想象情景

低年级学生受年龄限制，注意力容易分散，有意注意时间较短。为此，在教学中，该教师安排了轻松愉快的律动音乐摇头晃脑。一方面让学生放松、休息一下，一方面创设情景，让学生想象秋叶飘落时的情景。学生耳听美妙的音乐，仿佛置身于大自然中，欣赏着黄叶翩翩飘落的美景。学生通过耳闻和目睹，加深了对课文中“一片片叶子从树上落下来”一句的理解。这样做也培养了学生的想象能力。

（三）利用录像，进行说话训练

为了深化学生对秋天的认识，该教师剪辑制作了有声有色的录像片《秋天》，让学生欣赏秋天的美景，记忆秋天的特征。一年级的学生虽然度过了八九个秋天，但平时缺乏有意注意，对秋天的特征没有深刻的认识，而录像打破了时空的界线，把各种秋景再现在学生眼前，让学生回到了秋天的大自然中。录像中浅显易懂的讲解丰富了学生的知识，美妙动听的音乐陶冶了学生的情操。

在观看录像的基础上，该教师对学生进行了说话训练，要求学生按照“秋天到了，（什么）（怎样）”和“（什么）（怎样），啊！秋天到了”的句子格式练说。由于学生在观看录像时，视听结合，兴趣盎然，因此，说话训练时发言踊跃，取得良好的效果。

在教学《秋天到了》这篇课文时，该教师充分利用这一系列现代教学多媒体，产生了强烈的视听刺激，大大激发了学生的学习兴趣，提高了课堂教学的效果。

## 五、现代技术运用技能实战演练

现代教学媒体在课堂教学中的合理使用，会使课堂教学的形式和节奏有所改观。它的极强的表现力会引起学生极大的兴趣，从而缩短教学时间，提高教学质量。

### （一）训练方法

1. 教师熟练操作教学媒体，提高实际操作技能

随着信息技术的发展，教学媒体在教育领域中受到很大的重视。教师对

教学媒体功能的掌握程度影响着教学效果。教师可通过学习教学媒体理论，并在实际教学中巩固运用。通过开展教师现代信息技术培训，使教师具备熟练掌握和运用现代化教学设施的知识和能力，最大限度地实现教育资源共享，以促进其能力得到充分发展，形成适合未来教育的知识与能力。

2. 结合教学实际进行训练，提高媒体选择技能

多媒体计算机兼有许多媒体的特性，除要求教师具备熟练的操作能力外，还要特别注意要适时地、恰当地使用它，不能过分依赖计算机，甚至滥用。运用现代教学媒体，一要根据课程标准的要求和教材内容的需要，根据学科的性质，教材的深浅、重点与难点，学生的年龄大小，学校的地理位置等进行选择；二要考虑各种现代教学手段的特点和功能进行选择；三要根据量力而行的原则进行选择，为实现教学目的服务，而不能把使用教学手段当成目的。因此，教师应该熟悉课程标准和吃透教材，全盘考虑在具体教学时，需用什么样的现代化教学手段，用它解决什么问题。对一堂课中运用什么样的现代化教学手段，运用多长时间，什么时候出现，都应统筹考虑，做到全面规划、合理安排，做到恰当使用、最优选择。

3. 运用多媒体教学，发挥教师主导作用

使用现代教学媒体固然能提高教学效率，但绝不能认为机器可以代替教师。在运用现代化的教学手段时，仍要注意充分发挥教师的主导作用，组织引导好学生的视听活动。因此，在使用视听教具之前，教师要简单介绍本课的教学要求、教学内容，对所使用的录音磁带、录像、电影片等的内容做些简单的介绍。如果内容繁杂，还要提醒学生在视听时注意什么、思考什么，便于使学生抓住中心和要害之处。视听教具演示完毕，要及时进行小结，引导学生掌握要点，及时理解巩固。

4. 掌握常用媒体组合技巧

教学媒体具有组合性，往往可以将几种媒体组合起来使用。具体有三种组合形式：

(1)将少数几种媒体技术紧密结合，从而形成一种新的媒体，如声画同步幻灯、交互视频系统。

(2)根据教学活动的需要，将功能不同的几种媒体加以简单组合，轮流

使用或同时呈现各自的信息，如把幻灯、投影、录音、录像加以组合。在多媒体计算机出现以前，人们把这种组合系统称为多媒体组合教学系统。

⑶利用数字化技术将各种信息，如图、文、声、动画、视频等集成在一起统一处理，如多媒体计算机。

教学媒体的组合性还指一种媒体包含的信息可以借助另一种媒体来传递，如图片、图表等既可以通过幻灯、投影呈现，也可以通过电视、计算机呈现在屏幕上。

### (二)自我评价

媒体运用技能评价权重表

| 评价指标 | 权重 | 评价等级 | | | 得分 |
|---|---|---|---|---|---|
| | | 优 | 良 | 差 | |
| 1. 运用媒体目的明确，紧扣教学内容，能够实现教学目标 | 2.0 | | | | |
| 2. 媒体选择合理，作用点、作用时间恰当 | 2.0 | | | | |
| 3. 操作熟练规范，讲究视听卫生 | 2.0 | | | | |
| 4. 有序演示，演示流畅，视听效果好 | 2.0 | | | | |
| 5. 多种媒体配合得当、合理 | 2.0 | | | | |
| 总计 | 10.0 | | | | |

# 第八章　学法指导技能

## 一、真实案例导入

### 教师应“授人以‘渔’”

冯红霞老师在《在马克思墓前的讲话》的课堂中，在对于课文语言的品位与解读时，她是这样展开教学的：品语言，体会“哀”。

师：(出示课件4：马克思的葬礼)现在，让思想穿越时空，回到100多年前安葬马克思的那个日子，设身处地地感受恩格斯痛失亲密战友的心情。马克思、恩格斯相识于巴黎，40年间，他们志同道合，并肩携手，一起面对生活艰辛，一起经历政治风雨，不离不弃。亲如兄弟的战友突然去世，恩格斯是什么样的心情呢？我们一起来看课文的第一段。

(学生自由朗读后，教师范读，将学生带入凝重肃穆的氛围中，让学生再朗读，揣摩字里行间的情感。)

师：这一段没有直接表明哀痛悲伤的字眼，但我们却分明感受到字里行间弥漫着浓浓的哀伤。你是从哪些词语感受到恩格斯的哀痛之情的？

生答，师点拨明确：

两点三刻：对时间交代的具体，可见作者对这个时刻的刻骨铭心，可见悲痛之深。

最伟大的思想家：高度评价，可见崇敬，由崇敬而见哀伤。“最”在这里是程度副词，突出了马克思在哲学界无与伦比的地位。

停止思想：不说去世，是不忍，可见悲痛之深。用了“讳饰”的手法，也切合马克思的身份，暗含对战友生命不息、思想不止的崇敬。

还不到两分钟：“还”流露出在马克思临终时未能陪伴在他身边的无限惋

惜和遗憾的感情。“两分钟”强调时间短暂，可见去世之突然，饱含了作者对战友溘然辞世未能见最后一面的深深遗憾。

安静地睡着了——但已经是永远地睡着了：表达了作者由马克思逝世所引起的感情上的悲痛，也表明了马克思遗容的安详。

师：简洁、朴实的文字中蕴含着丰富的信息，平静的叙述背后是恩格斯难以抑制的巨大的悲痛。

在这样的课堂中，教师首先就抓住了学生的注意力，进行情境教学，给学生设置情境，让学生在教师的朗读引导下，展开自己的想象，与作者的心灵连通，设身处地地体会作者的心情。然后，在此基础上进行自我阅读，揣摩课文的语言，通过语言把握课文的内涵。这样一来，学生在教师的指导下，运用正确的学习方法，让课堂气氛变得活跃，学生们也能更加灵活地掌握知识。

现代教育强调应教给学生正确的学习方法，在新课程的改革与实施过程中，也不断奉行这一举措。新课标指出：“语文教学应激发学生的学习兴趣，培养学生自主学习的意识和习惯，引导学生掌握语文学习的方法，为学生创设有利于自主、合作、探究学习的环境。应尊重学生的个体差异，鼓励学生选择适合自己的学习方式。”教师已成为学习活动的组织者和引导者，不再只是将现有的知识灌输给学生，而是教给学生学习方法。只有这样，学生的学习能力才能得到最大化的发展。

## 二、学法指导技能理论指导

### (一)学法指导的内涵

在学习中，我们经常可以见到这样的现象：有的学生轻轻松松学得好；有的学生悬梁锥骨，每天没日没夜地学习，但成绩就是提不上去。显然，他们的问题出在学习方法上。学习方法是完成学习任务的途径和手段。掌握科学的学习方法，能获得事半功倍的效果，学习起来得心应手。反之，没有科学的学习方法做指导，学习就会很吃力，往往付出了却得不到相应的收获。因此，掌握正确科学的学习方法对学生学习的重要性可见一斑。

学生能否选择正确的学习方法，关键在于教师的指导。学法指导就是学习方法的指导，是教育者通过一定的途径，对学习者进行学习方法的传授、诱导和诊治，从而使学习者掌握科学的学习方法，将学习方法灵活运用于学习中，逐步形成较强的自学能力。学法指导技能是教师专业素质必不可缺的一部分，为了适应现代教学的要求，加强学法指导技能势在必行。

**(二)学法指导的意义**

掌握科学的学习方法，学会学习，树立终身学习的观念，已经成为当今世界谋求生存发展不可抵挡的趋势，在新课程理念下进行学法指导具有更加深远的意义。

1. 学法指导是教学方法改革的一项重要内容

教学方法包括教的方法和学的方法。苏联教育家巴班斯基认为："教学方法是学习方式和教学方式运用的协调一致的效果决定的。"因此，现代教学方法的改革不能只停留在教学方法的改革上，而应同样着眼于学习方法的改革。教与学是对立的统一，寓学法于教法之中，使教法学法化、使学法教法化，将教法和学法有机结合起来，实现教与学双边活动的有机统一。

2. 学法指导是形成正确的学生观和教学观的推动器

学生是学习活动的主体。学生通过学习，将外在的知识吸收、转化，内化成自己内在的精神财富，从而得到各方面的发展。教育需要引发学生的学习热情，让学生主动接受、理解、消化知识，并不断发展能力。进行学法指导，有利于学生形成自身是学习主体的思想。学法指导的重点是研究学生，将学生看作是一个完整独立的整体，明确教师的职责是"引导者"、"促进者"，明确了新课程的核心理念是"为了每一位学生的全面发展"。

新课标指出："教师是学习活动的组织者和引导者。"在教学上，教师不能再是以前"满堂灌"的填鸭式教学，而应该引导学生独立学习，增强学生的学习力，改善教与学的关系。学法指导是现代教学的发展趋势之一，"授之以鱼不如授之以渔"。教师的任务不仅是教学生课本上的知识，而且要教会学生学习的方法。在教学时，大胆解放学生的思想，让学生自主探索，在学习实践中获得知识，思考问题，学会迁移，提高能力，掌握并形成正确有效的学习方法。

3. 学法指导是培养学生的学习能力的核心因素

学习方法的知识是学生知识体系的重要组成部分，也是能力结构的重要组成部分。数学家笛卡尔说："最有价值的知识是关于方法的知识。"知识固然重要，但探究知识的方法往往更重要。只有认真掌握了方法，才能把知识记得更牢固，才能真正理解知识的价值。进行学法指导，就是要最大程度地调动学生的学习积极性和主动性，激发学生的思维，帮助学生掌握学习的方法，并能灵活运用方法融会贯通，从而提高学生的学习能力，为学生掌握知识与发展能力提供必要的条件。

4. 学法指导有利于形成新型师生关系

"学生为主体，教师为主导"的师生关系，重视学生的主体地位。在教学过程中，教师和学生是民主平等的关系，课堂上通过师生互动、生生互动，把学习的主动权交给学生，加强学法指导，实现教学民主，给学生创造一个轻松和谐的学习环境，让学生在宽松的氛围中学习思考，不断进步，完善自我。

5. 从当前国内外教改潮流和趋势来看，学法指导是培养跨世纪一代的需要

随着科学技术的不断进步，知识的发展也日新月异。人们只有具备获取新知识和新能力的自学能力，不断更新自己的知识结构，才能适应当今社会的发展。因此，各国为培养符合新时代的创新型人才，纷纷进行教育改革，改革的重点是要培养学生的学习能力。联合国教科文组织《学会生存》一书中也说："未来的文盲不再是不识字的人，而是没有学会怎样学习的人。"由此可见，"教会学生学习"已成为当今世界流行的口号。

**（三）应用学法指导技能的目的**

1. 优化学习条件

第一，在学校、家庭创造良好的学习环境，包括物理环境和人际环境。物理环境包括阳光、湿度、温暖、噪音等要符合学生学习卫生标准。人际环境是指有平等、和睦的师生关系、同学关系、父母与子女关系。

第二，创造良好的学习条件。个人拥有笔纸文具等个人学习用品，学校提供齐全的藏书、实验设备和学习硬件设施，为学习带来便捷。

第三，学生应具有健康的身体状况和良好的心理素质。

第四，需要具有较高的教学水平和综合素养的教师，教师与学生保持良好的关系。

2. 优化学习过程

学习过程一般包括课前预习、上课、课后复习、考试、课外学习等方面，各个环节是相互联系的，形成周期性良性循环，每个环节都不容忽视。在学习过程中，掌握科学的学习方法，是提高学习成绩的重要条件。

3. 逐步形成自学技能

自学技能就是指人有效地进行自学的技能。主要包括：第一，形成自学的组织能力，如拟定学习计划，合理安排时间，创造条件，分析总结；第二，形成自学的信息能力，如查阅目录索引、使用工具书、使用现代化信息技术等；第三，形成自学的智力能力，如搜集信息、准确识记、分析理解、独立思考、总结评价等。

**(四)应用学法指导技能的原则**

1. 因材施教原则

因材施教原则是根据学生的自身条件和实际问题，对症下药地进行指导。不同特点的学生采用不同的方法进行，这是学法指导中最基本的原则。

要针对学生的年龄特征。比如，高中生相比小学生和初中生，在知识的掌握水平上有了很大的提高，思维水平高，能独立思考问题，看待问题更加深刻全面。因此，指导要灵活多样，让学生根据自己的特点自主选择。侧重于心智技能培养，使学生从"学会"变为"会学"。

要针对学生的学习类型差异。学生的学习大致分为优良型、松散型、认真型、落后型四种。类型不同，学习指导的方法也迥然不同：对优良型，侧重于帮助学生总结，自觉运用学习方法；对松散型，则侧重于解决学习态度问题。

要针对学生学习的外部环境。学法指导应从实际出发，对条件好的学生，要激励他们珍惜并充分利用条件，更大程度地发挥主观能动性；对条件差的学生，要鼓励他们正视并克服困难，在逆境中前进。

同时，还应针对学生的性别、性格特征等差异进行有针对性的指导。

2. 目的性原则

这一原则是指在学法指导的过程中，在指导开始时就应该明确目的。进行学法指导的目的是为了让学生在学习过程中通过学法指导，掌握科学的学习方法，从而有效地指导学习知识和提高技能，完成由“学会”到“会学”的转变。明确目的有助于更好地在行动中贯彻实施。

3. 统一性原则

这一原则是指学法指导与知识教学和能力训练相统一。学法与教法的密切关联，决定了学法指导与知识传授、技能培养是一个统一的过程。在学法指导的过程中，教师应将知识的传授、能力的培养和学习方法有机地结合起来，让学生在获得知识与形成能力的过程中领悟并掌握学习方法。

4. 整体性原则

这一原则是指在指导过程中，要注意学习方法与其他学习和整个心理活动的有机联系。学生形成正确的学习方法需要从多方面进行指导和训练。学法指导的安排，应包括学习规律、学习原则、学习过程、学习心理等相对完整的内容。在进行指导时，要把学习方法放在一个大背景中考虑，不能为方法而方法，学习指导在整个教学过程中得以体现。只有坚持整体性原则，才能使指导更加有效、准确、持久。

5. 实践性原则

这一原则是指在学习方法指导过程中，必须以学生的实践活动为基础，学法指导要付诸学生的学习实践。例如，在进行作文教学，教师不仅要交给学生写作的基本方法和技巧，还要给学生进行写作训练，让学生将方法在自己的写作实践活动中运用发挥，掌握写作方法，从而真正提高写作能力。

**(五)学法指导技能应用类型**

1. 课程教授式

课程教授式是指通过开设学习方法课，向学生系统传授一般学习方法的模式。学习方法课是以学生的学习心理、学习过程和认识规律为研究对象，揭示学习本领、学习规律，来指导学生学习的一门学习科学。这种方式一般在起始年级采用。这样的模式的优势在于可以提高学生的关注度，让学生系统地掌握一般的学习方法。但此模式的不足在于与其他学科联系不紧密，方法不够具体。

学法指导课的具体程序：

(1)课堂激发学生兴趣，明确教学目的，完成课堂学习任务，并通过学习，掌握学习本领或学习方法。

(2)科学处理教材，将教导学习方法与组织实践并举，在掌握知识、发展思维模式和进行思想教育渗透的同时，着重理解、学习使用方法。可采用提示式和发现式两种方法。提示式即用小黑板出示学习方法，让学生照法去做。发现式则是一开始不明确地提出，只突出暗示，学完这一部分之后，让学生反思发现教师教学时使用的方法。

采用这种模式应注意将学习方法与语文基本功的训练有机地结合在一起，不可偏废任何一方。方法的总结需要简洁、准确、科学、易记，方法的使用范围与注意事项都要交代清楚。

2. 专题训练式

专题训练式是指利用典型单元或结合期中、期末复习的契机，把前一时期学过的学法及时归类，形成“学法链”、“学法集”、“学法树”或“学法库”等整体的学法结构。如进行中考病句辨识与修改专题训练，可以总结常见病句类型与辨析修改病句的方法。具体训练过程如下：

明确方向，提出目标。学生回忆以前见过的病句类型。教师对学生的回答进行汇总，总结出常见的几种病句类型。同时，针对不同的病句进行分析修改，教师指导学生运用类似的方法进行练习讨论。鼓励学生通过病句的修改来总结辨析修改病句的方法，并展开小组讨论，合作探究方法。

教师总结。这种专题训练课，目标单一且集中，学生在教师的引导下容易开展学习，能够激发学生的学习兴趣，这种专题训练式，其他学科也可以借鉴。

3. 学生交流式

学生交流式即在教师组织下，学生之间就语文学习的方法、经验等进行介绍、交流和讨论。交流可以通过多种渠道进行，比如开主题班会、座谈会、经验介绍会、作品展览会等。这种模式的优点在于以活动的形式开展，可以激发学生的兴趣，有利于从其他同学的身上获得符合自身实际的经验，取长补短，有较强的实用性，便于开展良性竞争。但是，这样的交流缺乏系统性，强调经验主义。

学生交流式不是课外活动，也不是课外活动内移于课堂，而是与课堂教学活动紧密结合的一种学法指导活动。这种模式进行的方式，首先是教师要求、推动、指导，由特定的学生在课堂上向学生讲述这种思维过程，然后进行自我分析或同学参与分析，最后由教师进行指导。

4. 点拨指导式

点拨指导式是指教师以强烈的学法指导意识为前提，在教学中抓住契机，用画龙点睛、留有余味的方法点拨学生学习。这种模式是我们在具体实践中常用的一种。比如，学习《记念刘和珍君》一文中，作者为什么要“记念”刘和珍？教师在引导学生熟悉课文后，学生在课文中都能找到类似“毅然、反抗、微笑、黯然”等词，但对于这些词背后隐含的深刻意义却很难把握。这时，教师的适时点拨显得尤为重要。要正确理解这些词不仅是要知道这些词的本意，还应结合具体语境和作者写作的时代背景等，由此学生和教师进行讨论，从而得出结论。这样的点拨不仅可以让学生掌握课本知识，还能掌握分析问题的方法。

运用这一模式应注意以下几点：

动用这种方式的关键是设计、选择点拨，点在学法指导的重点处、难点处、关键处。在课堂教学中，按照计划与设计，着力讲“点”，而将“线”与“面”留给学生去思考；或着力讲“线”而将“面”留给学生思考；或者着力讲框架，将内容留给学生去填补。这样的方法旨在让学生掌握语文学习的思考方法，发展学生的整体观和体系观。

注重点拨思维方向和思维方法。发展思维能力是各科教学的共同目标，进行学法指导要把指导学生思维方法作为指导的核心。在点拨过程中，要注意引导学生的思维方向，优化学生的思维过程，提高学生的思维品质。学生掌握了正确的思维方法，就可以更快更好地学习。如让学生用比喻的修辞手法造句，一个学生说：“她的脸像一个又圆又红的苹果。”另一个学生说：“她的眉像一轮弯弯的月牙。”这样的顺势思维是低层次的，教师要恰当地点拨：比喻除了明喻，还有其他的辞格类型，还可以怎样造句，看谁说的不一样。

这时，就会使用隐喻、借喻来造句。

要选择点拨的最佳时机，力求适度。点拨应点在学生百思不得其解时。如一位教师教《一定要争气》一文时，让学生解释“基础”词，学生不假思索地回答：“指建筑物的根基。”教师这时便从学法指导入手点拨学生：“以前，我们讲解词的时候，其中有一条叫随文法。大家想想，如果用随文法，‘基础’一词在这里如何解？在本篇文章中是指底子。”这样就起到了很好的点拨作用。

在进行学法指导的具体情境中，以上几种基本模式并非学法指导的完整模式。因此，学法指导往往会与课堂其他教学活动结合起来。这几种模式需要加入课堂结构中，在实际教学中，我们通常会将几种模式结合起来，进行综合式的教学，这样的方法会得到更好的学习效果。

## 三、学法指导技能应用方法与要求

### (一)学法指导技能的应用方法

社会的发展，知识的更新，越来越需要具有很强的自学能力和创新能力的人才。因此，我们在教学过程中应加强学法指导，使学生逐步掌握一些学习方法，使之具备一定的学习能力。但是，长期以来，我们的教学改革往往把教师的教作为问题的出发点和归属点，而对于学生的学却没有引起足够的重视。学法指导包括学法和教法两个方面。教与学是辩证的统一，教学的改革应把学生的学放在重要位置，用学法来决定教法，教法渗透学法，教与学的有机配合，才能保证教学任务的顺利完成。

教师教给学生学习方法，除了系统介绍一些科学学习方法的知识外，还要在教学过程中渗透方法指导。教师要多做具体方法的操作设计，对于解决某个问题需要运用的方法，应给学生提出操作程序，做出典型示范。只有这样，学生才能真正把握学习方法、习得学习能力。课堂教学中的学法指导一般包括以下方法：

1. 讲授指导

讲授指导就是学生通过教师的直接讲述，从而感知获得知识，照法实践的方法。例如，指导学生写作描写人物，有肖像描写、语言描写、动作描写、心理描写等，向学生具体介绍，指导学生在写作训练中对号入座，逐步形成技能。

2. 示范指导

有些学法光靠讲授是不能解决问题的，这时就需要进行示范指导，教师亲自示范，学生仿效实践。例如，指导学生朗读课文时，首先，教师讲授诵读方法。然后，需要教师进行范读。学生在教师范读的过程中，注意速度、停顿、语气等问题。最后，学生模仿朗读。

3. 提示指导

提示指导是学生通过教师适时地点拨、提示，来抓住要领，掌握学习方法。例如，在阅读教学时，教师适时地提出问题，让学生带着问题学，进行探究式阅读。

4. 思路指导

学生在学习知识内容时，有时会因思路、条理不清晰，而走入"死胡同"出不来。这样一来，无疑会给学生的学习带来很多困扰。这时，就需要教师给予引导，让学生理清思路、剖析思路，为学生指点一条光明的道路。

5. 归纳指导

归纳指导是指在学生接触了较多的具体材料之后，教师引导学生从同类的若干个例子中归纳出某种学习方法。例如，在阅读教学中，学生阅读不同文体的文章，教师需要指导学生在不同文章中寻找各自的特点，进行归纳总结，让学生对于不同文体的文章有更系统的了解。

6. 对比指导

良好的学法，学生不一定都能自觉接受。可将两种正反方法进行对比指导，让学生自主明辨择用。如背诵，一种是死记硬背，逐字逐段地背诵，这样的方法耗时长、收效低；相对应的另一种是理解背诵，将文章在理解的基础上进行背诵，这样的方法耗时短、收效高。学生通过这两种方法的对比，就可以选择高效的方法，摒弃死记硬背。

7. 渗透指导

教师在教学过程中，将学法渗透到实践训练中，有助于学生通过潜移默化的多次训练掌握学习方法，将学法指导渗透到学生学习过程中的各个环节中。教学中，要注意渗透学习步骤和学习技巧这两方面的内容。

8. 探究指导

探究指导是教师要指导学生具有探究意识，不仅要“知其然”，更应该“知其所以然”。对待问题，要进行创造性的思考。在学生寻得问题的正确答案后，教师要及时追问，要求学生说出求得正确答案的思维过程和思维方法。

9. 编写口诀

很多学科对于识记性的知识内容很多，需要借助歌诀、顺口溜加以编排。歌诀、顺口溜节奏鲜明、合辙押韵，读起来琅琅上口，便于记忆。如历史，运用口诀法记忆道家、儒家、法家、墨家的代表人物及其主张：孔孟儒，行“仁政”；道“无为”，老庄兴；子墨子，讲“非攻”；韩非子，“法治”行。

**(二)学法指导技能的应用要求**

1. 学法指导技能的基本要求

教学强调学生从“学会”到“会学”，加强学法指导，就是为了让学生完成这个转变。重视和加强学法指导，是教育发展和社会进步的必然要求，也是当代教学观的反映和体现，是以人为本理念的体现。

学法指导技能应具有以下基本要求：

(1)建立良好的师生关系

新课标提出，在教学过程中，教师与学生的关系是平等的，是相互促进、共同进步的。学法指导在轻松愉快的师生关系中，更容易得以实现。

良好的师生关系的建立，一方面，教师需要服务于学生，根据学生的不同学习状况，教给学生合适的学习方法，指导学生学习；另一方面，学生与教师要互相尊重。人本主义心理学家罗杰斯说：“唯有当学生得到尊重时，他们才能更好地朝向自我的需要。”因此，教师要关心爱护学生，学生要理解尊重教师。

教师与学生相互合作、相互促进，共同营造良好的师生关系。在这样的氛围中，展开学法指导会事半功倍。

(2)适应学生的发展

学法指导是让学生掌握学习方法，形成学习能力。教师进行学法技能指导时，不仅要遵循人类认识发展的一般规律，也要遵循教学过程中学生认识的特殊规律，这样才能提高学法指导的效率。学法指导的开展需要适应学生的实际情况发展。学生的年龄及心理发展是有阶段性的，因此，学法指导应由浅入深、由易到难、循序渐进。

⑶培养学习习惯与学法指导并举

进行学法指导需要利用一切机会，甚至可能的时候创造机会，给学生练习和训练的机会，使学法固定下来，成为经常性的行为表现，最后形成习惯。良好的学习习惯能促进学习方法的运用，从而提高学习效率。反之，不好的学习习惯也会阻碍学习方法的习得。因此，只有去掉不良的学习习惯，才能接受科学的学习方法，才能培养与发展良好的学习习惯。

2. 学法指导技能的具体要求

在进行学法指导的实践中，要遵循以下具体要求：

⑴符合学生的实际

学法指导具有很强的实用性和操作性，应适合学生的实际发展，方便学生掌握与运用。在指导过程中，要深入浅出，循序渐进，让学生学以致用，激发学生的学习兴趣。

⑵理论与实践结合

学法指导是在教学过程中进行的，需要通过一些实际训练来达到巩固复习的效果，使学生更好地在练习中得到提高。

⑶理论与实践的结合点是应用

将学法指导的理论知识与实际练习相结合，就需要应用。理论在应用中掌握，方法在应用中熟练，认识在应用中升华。只强调理论知识，却不在实际生活中应用，这样是不可行的。

⑷重视学法操作程序设计

学法操作程序的设计是教师根据学生学习的规律和年龄特点，把有关学习方法的概念和理论科学有效地变为学生学习过程中可供其实际操作的具体步骤，让学生在学习过程中一步一步按部就班地进行学习。

## 四、学法指导技能案例示范

学法指导技能是一个循序渐进的过程，教师需经过学习借鉴、普及理论知识、自我训练、实践检验等步骤。学习借鉴他人优秀的方法，有利于增加自身的经验积累。

【案例】

## 《庄周买水》课堂实录

江西九江外国语学校高中部语文教师　邱益莲

师：同学们，前面学习杂文时我们知道，杂文是一种可记叙可议论的现代散文，但它是针对现实有感而发，形象地阐述道理的一种文体。今天，我们一起来学习刘征先生的《庄周买水》，看看本文要阐述一个什么道理。下面，请同学们带着这些问题来阅读课文。【布置任务，让学生带着问题去学习】

C组问题：①庄周是什么人？他为何要买水？②他为何要去养鱼？请从文中找出根据。③请同学将庄周买水的故事给大家复述一下。④本文就庄周买水一事，阐明一个什么主旨？

B组问题：①请你们将庄周买水的路线图画出来。②分角色朗读课文，一人做叙述人，一人扮演庄周，东海、河伯、濠梁三处的工作人员分别由三个人充当。③本文阐明了什么道理？结尾有何含义？

A组问题：①请同学讲述文中的典故。②如何理解课文结尾的甘霖欲降、庄周鼓盆而歌？③文章有关车辙中的小鱼求救这一部分文字能否删除，为什么？④本文阐发了什么主旨？【分组讨论，让学生在小组讨论中获得知识】

学生自由大声朗读课文后，开始思考解题(展示部分问题)。

C组同学在讲述庄子是个什么人时，教师插话："你是从哪里知道有关庄子的这么多知识的？"学生说上学期学过他写的《秋水》，听老师介绍过，历史课本中也学到过一些。教师当即予以肯定这种注意新旧知识联系的做法。【指导学生联系新旧知识进行学习】关于庄周为何要去养鱼的问题，C组同学七嘴八舌："庄子的《南华经》退稿了，没钱用。""潮流不可挡。"教师紧接着，要C组同学解释"潮流不可挡"是什么意思。教师顺势讲20世纪80年代中国掀起的下海经商热。【课外拓展，让学生全面掌握知识】

C组的同学复述故事情节时，叫B组的同学将庄周买水的路线图画在黑板上。之后，由B组的同学分角色朗读。教师让学生谈谈自己对所扮演角色的认识，该角色语言体现了人物怎样的性格，朗读时怎样从语气、语调等方面来展现人物语言性格特点的。【设置教学情境，教导学生通过分析语言和朗读的方法来把握人物性格】然后，由同学对朗读者进行评价。有不同意见的，要把自己是怎样朗读的表演出来。最后，教师点拨。

A组的同学汇报他们的学习结果。当同学讲述文中典故时，教师问："作者运用这些典故在文中起何作用？"【适时点拨，让学生深入思考】当谈到课文结尾甘霖欲降，庄周鼓盆而歌的含义时，教师点拨："请联系社会实际谈谈好吗?"【教导学生将课本与实际相结合的方法对文章进行解读】

教师到各组进行点拨、指导，然后由各组派代表发言。最后，教师根据不同的小组布置分层作业。【教师运用分层教学来指导学生学习】

本案例教师在教学过程中将学习方法渗入其中，让学生在学习课文内容的同时掌握学习方法。这样的教学过程对于教师的教和学生的学都有很大的作用。

## 五、学法指导技能实战演练

### (一)训练目标

学习方法实际是一种操作技能，具有明显的外部特征。要使学生真正掌握学习方法，必须进行训练，使之达到自动化的程度。学法指导需要将学习方法的讲解和训练统一结合，做到理论与实践结合，切记光讲不练。学法指导的训练目标是通过一些实战训练，培养学生主动进取、乐于探究的学习态度，根据学习内容和自身条件状况找到最适合自己的学习方法，明确并遵循学习规律，让学生在学习过程中自己去探讨、理解、归纳、发现和创造。

### (二)训练过程

1. 理论学习

教育理论的学习是开展好教学研究活动，提高教师的专业能力，加强教学改革的基础。组织理论学习是培养建设师资力量过程中不可或缺的一个环节。

教师掌握学法指导技能基本理论，首先应明确自己的定位，摆脱传统的教师观，成为新课程的研究者、实施者和创造者，成为课堂的组织者和引导者。其次，教师要形成自我专业发展意识和自我专业发展能力，真正成为自己专业发展的主人。

学校组织各种形式的教研活动来激发教师的工作热情，提高教师的综合素养，从而推动学校的发展。例如，组织关于新课改的各种报告会；开展骨干教师和新教师之间的经验交流会，营造浓厚的学术氛围；组织教师技能培训等，通过一系列活动来更新教师观，提高教师的教学能力。

2. 观摩实践

当具备一定的理论知识后，就需要将理论知识运用于实践中，这样才能将学法指导更好地贯彻实施。调查显示，同行之间的经验交流与切磋是教师专业发展最为有效的方式。教师通过教学观摩课，认真听取其他老师上课，记录教学过程，整理总结其教学特色，进行评课与反思，取长补短。学校需要给教师提供更多的机会，鼓励教师多听课，组织教师进行深入研讨，听取他人意见，及时搜集、整理相关资料，在不断的听课、评课中培养自身的教学能力。

3. 研讨反思

教学反思是教师专业发展和自我成长的核心因素。教师通过反思，将自己或他人的课堂教学实践进行全面深入的思考和总结，找出自身教学中存在的问题与不足，将他人教学实践中好的方法吸收运用，从而改进自己的教学模式，优化自己的教学过程。如进行课堂教学反思时，可以思考：这节课教学设计基于的教育理念是什么？这堂课是否达到了预期的目的？如果已经达到了，标志是什么？如果没有达到，标志又是什么？这堂课的教学过程中存在哪些问题？哪个问题是最为关键的？下次课打算如何解决这个关键性的问题？

4. 评价反馈

学法指导技能训练实践结束后，受训人首先要针对自己的课堂实践，进行自我分析与评价：指导方法是否合理？实践过程是否实现了指导意图？在实践过程中发现了什么问题？有什么感想和体会？如何改进不足？

在受训人自我分析评价后，指导教师和评议组的其他成员要根据观察和记录来全方位地进行分析与评价，肯定优点，指出不足，提出改进意见。从学生的掌握成效进行反馈，让教师充分认识到自己的优点与不足，提高自己的实践能力，真正掌握高效的学法指导技能。在进行评价的过程中，首先，要做到客观公正，要实事求是，根据受训人的实际情况进行评价。其次，将严格要求与表扬鼓励有机结合。最后，将理论与实践有机结合。

# 第九章　课堂拓展技能

## 一、真实案例导入

### 事物之间的联系是普遍存在的

我曾经听过两位教师上的同一篇课文——苏教版高中课本语文“必修一”第三专题“月是故乡明”《我心归去》。第一位教师在课堂上根据课文内容本身设计了一些问题，与学生讨论了韩少功为什么要“归去”这个核心问题，最后得出结论：法国的物质丰富，景物美丽，但他们精神空虚；故乡虽然贫瘠、丑陋，但人们的精神有所寄托，所以要回来。而在另外一个教师的课堂中，我们看到教师把它与《读本》第五专题“何以为家”结合起来，在课前布置学生看《读本》中关于“家”的作品，在课堂上把苏雪林《家》和方令儒《家》中的语言提炼出来：“我们应当将自己的家的观念束之高阁，而同心合意地来抢救同胞大众的家要紧。这时代，我们正用得着霍去病将军的那句壮语：‘匈奴未灭，何以家为。’……猛然悟到了家的意义，我知道了，不管它给人多大的负担、多深的痛苦，人还会像蜗牛一样，愿意背着它的重壳沉滞地向前爬。”再联系这样的语言来理解为什么韩少功不愿留在法国西部那“繁华、酥骨、静谧、侵肌、幽深、奇诡”的海滨城市圣·纳塞尔市，却要回到那“浮粪四溢”、“拥挤不堪”、“阴沉连日”的家乡，理解这不是他乡美丽不美丽、可爱不可爱的问题，理解韩少功“故乡比任何旅游景区多了一些东西，你的血泪，还有汗水。故乡的美丽总是含着悲伤的”这样含有感情哲理而又形象的语言。

同一堂课，同样的没有生活体验的学生，第一位教师几乎没有做任何拓展，就文论文，以致引导学生得出这样狭隘的结论，明显带有阶级二分法的痕迹；而第二位教师却自然而然地引导学生理解了主题，丰富了情感，体验了生活。这两位教师的区别就在于，第二位教师深知拓展的要义。

新课程实施以来，新的教学观、课程观、学生观、教材观决定了教学要不断拓展与延伸。不少教师开始意识到拓展的重要性，他们在课堂教学中通过拓展由课内向课外有机渗透，积极引进更丰富、更鲜活的课程资源为教学服务。目前，拓展已经成为课堂教学中的一道亮丽风景线，成为课堂教学的“流行风”。实践证明，有效的课堂拓展能深化课堂教学，提高课堂效益。

## 二、课堂拓展技能理论指导

### (一)课堂拓展的含义

拓展，《辞海》的解释为“开拓扩展”，是在原来的基础上创新、延伸的意思。课堂拓展是指教师在教学过程中，以课堂教学为基础、以文本为载体，利用事物之间的种种联系，针对课堂教学中某些有意义的拓展生长点，进行由此及彼、由表及里、由小到大、由点到面的开拓扩展，进行单一的教学目标多元化、科学的教学内容生活化、封闭的教学过程开放化的延伸，以求得触类旁通、豁然开朗的效果，最终促进学生的全面发展。

### (二)课堂拓展的分类

课堂教学拓展是多种多样的，可以是专题的，可以是不同阶段、不同梯度的，可以是不同角度的，可以是不同维度的，可以是课内的或课外等。采用什么方式方法是由教学内容决定的，不同的教师对同一堂课的拓展有着内容、方法上的千差万别。

1. 按拓展的领域来分类

从拓展的领域方面来说，课堂拓展可分为教学内容的拓展、教学方式的拓展和学习方式的拓展。

2. 按课堂拓展的方向来分类

从拓展的方向来说，课堂拓展可分为向学科内部拓展、向相关学科作横向拓展、向生活大课堂作综合拓展。

3. 按课堂拓展的内容来分类

从拓展的内容来说，课堂拓展可分为思想的拓展、文化的拓展、情感的拓展、语言的拓展和思维的拓展。

4. 按课堂拓展出现的时间分类

从拓展在一节课的出现时间来说，课堂拓展可分为课前拓展、课中拓展和课后拓展。

5. 按课堂拓展出现的方式分类

从课堂拓展的方式来看，课堂拓展可以是口头的拓展、文字的拓展、动手操作的拓展、形体的拓展。

当然，还有一些拓展训练指的是课堂之外的延伸。这不在我们的探讨范围之内，就不一一介绍了。

## (三)课堂拓展的作用

以哲学的观点看，事物之间的联系是普遍存在的。上下五千年，纵横几万里，语政英数理化，音体美生地史，万事万物之间，都有着千丝万缕的联系。这就是我们应用拓展技能来开展教学的哲学依据。

新课程的核心理念是“为了每一位学生的全面发展”，体现了“以人为本”的教育价值观。注重人的发展实质上是使学生在原有基础上得到最充分的发展。这也应是一切教育活动的出发点和归宿，这也是我们的教学需要拓展技能的终极旨归。

我们观摩那些优秀教师的公开课，可以发现他们在上课时都是在教材基础上多有拓展。他们带给学生的是思维的愉悦、知识的扩展、视野的开阔、兴味的盎然，因而他们的课堂教学总是那样地充满想象力，显得那么活跃、那么有灵气。而在其熏陶之下，学生也变得思维活跃、反应敏捷、知识面宽广。而与此形成对立面的一些事实却令人遗憾，多年来学习被严重功利化，教师被中高考牵着鼻子走，课堂上教师没胆量或没能力或没时间对有关学习内容进行恰当的延伸拓展，就课文讲课文，在单一的教学内容本身打转，因而显得狭隘呆板，学生学习的视域打不开，局限于一方狭小的空间，思维得不到开阔。久而久之，当然也就日益目光短浅，孤陋寡闻，急功近利了。

1. 课堂拓展有助于教学目标三个维度的实现

新课程标准从“知识与能力”、“过程与方法”、“情感态度与价值观”三个维度全面体现课程功能，而且这三个维度是紧密联合为一体的，是一个血肉丰满具有立体感的整合，目的是将素质教育的功能全面体现到教育教学的过程中。然而，很多教师却由于原有的思维惯性，在教学目标的设定上，仍然抱着单一的知识本位不放，把三个维度割裂开来，看作是一个个单独的目标，而没有看到，有时一个好的学习活动就可以融合全部的三个目标。关键是如何有机地整合这三个维度，达到理想的教学状况：学生在兴趣盎然中，通过一定的过程和方法，掌握了知识和技能，同时丰富了情感、态度与价值观。

在这一方面，很多教师为我们提供了很好的范例。比如，近年来活跃于语文教改前线的郭初阳、王俊鸣等老师都非常注重对教材的全面拓展。在他们的一堂课中，学生所获得的信息量是一般教师的两倍或更多。比如，2005年获得全国中小学“个性杯”语文课堂教学大赛特等奖第一名的杭州教师郭初阳的那堂著名的《项链》公开课。仔细分析他的教学简案，我们可以看出，郭老师在教学内容上进行了相当多的拓展，引入莫泊桑本人的创作谈和18世纪的妇女观，将文本故事叠影于“灰姑娘”模式，将情节中的相似与不同作比照，并在实际教学过程中运用了几乎所有的文本解读方式：文本细读，作者的小说创作理论，作者的教育背景，文学史传统，学者的评论，文本互证，女性主义批评，文本结构和要素分析，对作品的哲学思考。他所做的拓展是如此之深、如此之广，应该已经达到我国目前中小学课堂教学的极致，这需要教师自身具备开阔的视野、广博的知识、敏锐的思想和完善的知识结构等浓厚的功力积淀，在当下语文教育极其肤浅化的情况下，郭老师将真正的文学批评和文本解读引入语文教学，对于改变语文教学的“低幼化”倾向有很大意义。

2. 课堂拓展有助于推进课程的综合化、生活化

课程综合化是我国课程改革的一个重要价值取向。课程综合化就是要在教学中，把握课程理念的综合化，落实课程标准的综合化要求，拓展学科教学同学生生活经验、社会实践、其他学科的外部联系与本学科内容之间的内在联系，更好地为大课程观服务，为学生的全面发展服务。为此，广大教师需要在教学中自觉应用课程综合化理念，既要实现与学生生活经验、社会实践、其他学科的外部联系，又要实现与学科内容之间的内在联系，而且是有

机的联系。

课程生活化也是这次课程改革的一个重要方面。生活是一个大课堂，蕴含着丰富鲜活的课程资源；远离生活就意味着让学生们失去课程的另一半世界。学习无处不在、无时不有，有生活就有学习。生活世界本是生动、鲜活的，也是学生非常喜爱的。在这个世界中，学生能体验到生活和生命的意义与乐趣，能学到很多课堂上学不到的知识，会在“生活”中体验整个世界，更会充满激情地去“生活”，从而在“生活”中一天天长大。课程的生活化要求改变以往单纯依靠一本教科书及一两本参考书及教师单纯传授的局面，要求拓展课程资源、拓展教学内容、拓展教学方式。

3. 课堂拓展可以培养学生的创新思维

创新思维的重要性，大家已形成共识，但创新思维能力的培养并非一朝一夕所能实现。它不仅要靠完整扎实的基础知识作支撑，而且要经过长期系统的思维训练。在这里，发散思维是其中重要的一环。只有具备了发散思维能力，才能打破思维禁锢，拓展思维空间，变单向思维为多向思维，从而形成新的思维活力，才有望产生新的思维成果。由此可见，创新思维是发散思维的必然结果，而发散思维则是创新思维的基础和“催生婆”。因此，我们必须高度重视发散思维能力的培养。在教学中，教师经常有意识地对教学进行多方位、多角度、多层次的拓展，从而再次点燃学生思维的火花，延缓原有思维的冷却，调整思路，积极探索，以引导培养学生思维向邻近发展区辐射。

## 三、课堂拓展技能应用方法与要求

根据学科的类型、教学的目的等方面的不同，拓展的方式方法有较大的差异。我们要因地制宜，将文本拓展融合在课堂教学的每一个环节中。一个教师要掌握的教学拓展技能是多方面的。

### (一) 向不同的方向进行拓展

1. 向本学科作纵向拓展

课程内容向本学科作纵向的拓展延伸是我们最常用到的一种教学技能，这种技能最能反映出一个教师对本学科知识的熟练程度和对本学科知识的宏观整合的能力。把教学内容的各要素按照水平关系和垂直关系加以整合，克服学科知识的支离破碎的状态，反映出学科自身的教学内容的统一，防止学生的知识体系窄化、僵化，使学生的知识系统化。只有这样，才便于学生对本学科知识的全面掌握，便于学生对本学科的知识融会贯通。

比如，我们在讲解英语介词“in”的用法时，经常会把以前见过的几种典型用法综合起来讲；在学习陶渊明的某篇作品时，我们也常常会把陶渊明的生平和以前学过的他的文章或者他的同类型的某篇作品综合起来讲解。这是一种向本学科自身作纵向拓展的常见的教学方法。

2. 向各相关学科作横向拓展

新课程教学中不仅要注意学科内联系，还应注重学科间综合。学科之间本是相连的，不可能有独立的学科内容。为此，学科教学可以渗透许多其他学科的知识。渗透其他学科知识，向学科教学提出了更高的要求。在教学中，要发挥教师的引导作用，把握好“导”的时间、内容、方法等，发挥学生的主动性，培养学生融合各学科知识的能力，让学生运用其他学科知识来解决本学科的问题，即把某一学科作为子系统纳入整个学习的母系统中去，使他们的学习更加系统化、科学化。只有采用这样的学习方法，才能培养学生的创新思维，适应瞬息万变的信息时代。因此，教师在进行本学科教学的同时，要适当地兼顾其他学科的知识渗透，和其他学科搞好教学上的配合，让其他学科的知识渗透更好地为本教学服务。

有位高三语文教师上阅读课时有个题目问：谭嗣同就义的动机是什么？答案当然是：“今日中国未闻有为变法而流血者，此国之不昌也。有之，请自嗣同始。”这样的答案，照原文肯定没有问题。可是，从历史的角度看，我国为“变法而流血者”是从谭嗣同开始吗？前面好像还有商鞅、吴起……如果我们的这堂语文课和历史课沟通一下，这样的答案还是值得进一步研究的。我们教给学生的，不能仅仅是标准答案，而应该在扩展知识面的基础上促进思考。

3. 向生活大课堂作综合拓展

由学科世界向生活世界回归是课程理念的一大飞跃。这是因为，人始终在生活世界之中。生活世界是人生命存在的背景，是人自我价值实现的基础。在生活世界中，认识自然现象，理解和体验社会的道德、艺术，通过与他人的交往和自我反思来提升自己的人格。为此，教学中要尽力做到教学内容生活化。也就是在教学中，从学生的生活经验和已有的知识背景出发，联系生活学习，将学科课程变为学生认识生活的活动课，体现学习“源于生活、寓于生活、用于生活”的思想，以此激发学生学习的兴趣。学科教学应该以课堂教学为轴心，向学生生活的各个领域开拓、延展，全方位地把学生的学习同他们的学校生活、家庭生活、社会生活有机地结合起来，缩短课本知识与实际生活之间的距离。

比如，有位教师在讲到要规范地使用祖国的语言文字时，指导学生在回家的路上留心沿路的招牌、广告等有没有不规范的地方。第二天，在课堂上一交流，学生们非常踊跃。比如，省烧伤治疗中心的大楼顶上，竖起来的大霓虹灯招牌却赫然写着“烧伤中心”四个大字，完全没有把意思表达清楚。这样，费时不多，就让学生们知道了规范地运用语言文字的重要性，增强了学生的学以致用的意识，又通过实际应用而促进了思维的严密和表达的准确。再如，有一位教师在讲授高中语文课《漫话清高》时，曾向现实生活拓展，以一度闹得沸沸扬扬的“北大才子卖猪肉”中的话题人物陆步轩和在所有人不理解的目光中去贵州山区最为贫困的岩洞小学教书因而入选央视2004感动中国候选人——华中农大经济学硕士徐本禹这样两个人物来讨论何为“清高”，对传统的“清高”作出了新解：“清高”是一种不同于世俗、不随波逐流的精神风范，是一种自尊自爱自信的人生态度，是一种把精神看得比物质更重、把心灵看得比口腹更重的处世方式。说到底，它是一种人格追求，是一种有着明确和强烈的人格意识的表现。这样的拓展会使这节课给学生留下深刻的影响，会使学生对“清高”有更深的认识。

**（二）向多元化的教学方法进行拓展**

1. 对照性拓展

几乎在所有的学科教学中，我们都可以采用比较对照的方式进行拓展。在文科性的科目中，比较对照式拓展可以让学生深入领会课文中所表达的思想主题并使其进一步深化。在理科科目中，比较对照式拓展可以让学生更好地理解所学课文中的逻辑结构并让学生更好地掌握所学知识。这种拓展既可以同中求异，也可以异中求同。

比如，在阅读教学中，教师有意识地将某些有着相似主题的课文进行对照分析，引导学生比较相似主题的不同写法，可以帮助学生更好地理解并深化文本的主题思想，还可以培养学生分析问题、解决问题的能力。有一位教师在讲授《采桑子·重阳》时，为了让学生更好地体会它的写作特色，将岑参的同样是写战地黄花的《行军九日思长安故园》与《采桑子·重阳》放在一起进行比较，让学生体会二者所表达的情感的异同。学生在对比中，既理解了岑参所表现出的对国事的忧虑和对战乱中人民疾苦的关切，也理解了毛泽东所深情赞美的在炮火连天中绽黄吐芳、格外美丽的野菊的象征意义，体会诗中抒发的喜悦与旷达之情。学生在比较阅读中，研究教材，搜集资料，探究问题，表达观点，既开阔了视野，又训练了思维和表达能力。

2. 归纳性拓展

我们在进行课堂教学时，应该有意识地将教材中某些有着相同或相似主题的知识点进行归纳拓展，引导学生对这些知识的主题的共性进行深入的分析归纳。这不仅是学生对知识的整合和深化，更是学生对某一主题进行的深入思考，有利于学生对知识的掌握更加系统化。

有一位教师在执教高中语文第四册《长亭送别》时，进行了这样一个主题归纳的拓展训练：

教师：课文《长亭送别》以爱情为主题，表现崔莺莺蔑视功名利禄，追求真爱的精神。大家能否从高中语文教材中再找出几篇以爱情为主题的课文，然后再分小组进行讨论，认真分析其共性？

学生找出了相关篇目，即《诗经·卫风·氓》《孔雀东南飞》《杜十娘怒沉百宝箱》《罗密欧与朱丽叶》等。

学生共同分析讨论，现就主题立意比较深刻的小组长发言片段摘录如下：

学生1：从某种意义来说，悲苦就是古代女子的命运。她们的命运真正像漂泊在大海中的小船，随时都有倾覆的危险。在漫长的封建社会里，女子更是拿不到、抓不稳自己的命运，没有幸福、没有自由、没有尊严，无能为力地在自己的一生中溢满悲伤与痛苦。

学生2：美丽善良的女子，奉献了自己，掏出了自己的心，给别人温暖，给别人真情，而得到了什么？是不被理解、不能诉说的痛苦，还是那付出得不到回报，命运多舛的悲哀？从刘兰芝到杜十娘，从唐婉到朱丽叶，无不如此。

从上例我们可以看出，这位教师的拓展非常到位。他让学生在拓展中对已学知识进行了一个系统的归纳，使学生对这些文章主题的认识更加深化。

3. 评析性拓展

对于名篇中的人物或思想，评论家往往有一些精辟的论断。在教学时，可以介绍给学生讨论，让学生跳出狭隘的思维空间，提升鉴赏作品的高度。

比如，讲课文《石钟山记》时，笔者拓展的问题是：苏轼在文中阐发了自己对命名由来的看法，得出“事不目见耳闻，而臆断其有无，可乎”的观点。有人认为苏轼过于自信，对李渤的评价有失公允。那么，你的看法是什么呢？写一段评价性文字。

在现实的课堂中，文本的拓展需要教师在课堂上冷静思考，及时分析学情，随机应变，发挥教学机智，择优慎用，扎实地处理好拓展的角度与落脚点的问题，拓展教学才能在教学对话中激发出生命的智慧和创造潜能的火花。

4. 对话形式拓展

在一些文科科目学习中，经常采用对话形式进行拓展训练。如在学习英语方面就是如此。语言的目的在于交际，现代英语教材的编排大多侧重语言的交际功能，很多英语语言知识在对话中呈现出来。除了教材本身所提供的可模仿的对话范例之外，教师可以将教材中的篇章内容重新组织，让学生以对话的形式呈现出来，既生动活泼，又可以帮助学生加深记忆。例如，*Go for it* 中有关于委婉地提出请求的内容：如 Could I...？ Could you please...？教材中设置了一定的语言材料，如孩子请求家长允许自己看电视或逛商店。但拓展的要求需要我们再多动脑筋，教师可收集所有提出请求的方法来进行对话拓展训练。例如：

—Mum，could I hang out with my friends tonight？

—Of course not.

—But I have to choose a gift for my friend. Would you please help me to buy a book for her on your way home... ?

或：—I’m sorry, would you please take your bike away, did you see the sign “No parking”?

—Sorry, But I don’t know the way here, could you tell me the way to the nearest parking lot ?

这些内容让我们的课堂更富新意，让学生的语用能力有所提高加强，让我们的拓展有了自己的舞台。

拓展的形式很多，还可应用辩论形式、写作形式、短剧形式进行拓展，还有海报制作、实验操作等也有机会走进我们的课堂。我们把拓展任务设置成由简到繁、由易到难，层层深入，由数个微型任务组成的“任务链”，使教学呈阶梯式层层推进。我们把拓展的方法多样化，不拘泥于固定的方法，使它永远鲜活有新意。

**(三)课堂拓展技能应用要求**

在一节课中，好的拓展往往会让人眼前一亮，成为这节课的生命线。但是，并不是所有的拓展都是有效的。为了增强学生的文本体验，激发学生的阅读兴趣，优化学生学习的环境，训练学生的思维品质，提高教学的效率，我们在进行拓展教学时就必须遵循一定的原则和要求。

1. 课堂拓展要基于学情

地区不同、环境不同，学生的素质也不同，对他们的课堂拓展的设计也就应该有差异。比如同样一节课，在一个乡镇中学和一个大城市的省重点中学的课堂拓展的教学设计就不可能也不应该完全一样。同理，对于基础较差的学生和素质较高的学生来说，高要求的拓展设计可能会增加前者学习的困难，影响学习的积极性，却能激发后者的积极性。总之，我们首先应该根据学生的学情来设计拓展的内容。

2. 课堂拓展要基于文本

课堂拓展理所当然应该立足于文本。教材是教师进行课程设计的主要依据，是教学大纲的具体体现。教学需要拓展，但绝不能为了拓展而拓展，不能让拓展成为形式。拓展的时机、内容、宽度和深度等要素都要围绕文本来考虑和设计。文本拓展要超越文本，更要反哺文本，离开文本的拓展是无本之木、无源之水。如果对文本本身的研读都是浮光掠影、走马观花，很难想象文本拓展会有何实效可言。

3. 课堂拓展要基于本学科

在拓展中，要注意各学科知识的整合，但它首先应该立足本学科。如果脱离本学科教学需要，远离教学内容，信马由缰、离题万里，这样的拓展于教学无补，甚至会伤害正常的教学，当然是不可取的。因此，课堂上的教学拓展首先应该紧密结合实现教学三维目标的需要，其落脚点都在于全面提高学生的学科素养，而不是对其他学科知识的掌握程度。为此，我们在拓展时，应将教学设计的重点放在拓宽学习和运用的领域，注重跨学科的学习和现代科技手段的运用，使学生在不同内容和方法的相互交叉、渗透和整合中开阔视野，提高学习效率，初步获得现代社会所需要的实践能力。

4. 课堂拓展要自然适度

有效的拓展应该是原有教学内容的拓展，恰当的延伸更是原有教学内容的延伸。拓展教学是为教学服务的，要适可而止，不能喧宾夺主，教师不能将拓展环节当作一个“卖点”来展示自己的才学，卖弄才思，显示课堂教学的新意。拓展内容和形式一个接一个地抛出，容量是大了，但学生难以一下子掌握，甚至无所适从，课后没有什么印象，这样的拓展起不到良好的教学效果。同时，我们不能因为尊重个性，就没有了原则。这些都将失去拓展教学的“信度”。其实，有效的拓展，内容不在多，关键在于适度、在于恰到好处。

拓展亦要自然。拓展的内容和材料必须与教学内容存在有机的联系，必须能够非常顺畅地延展开去，给人浑然一体、水到渠成之感。生硬地联系、呆板地拓展、牵强地类比，不仅不能起到作用，反而令人听而生厌。

5. 课堂拓展要有一定的深度和广度

课堂教学讲授中的拓展要注意挖掘深度，把学生的思维引向深入。这对培养学生思维的深刻性有着十分重要的意义。如有一位教师在讲授鲁迅先生的几篇小说之后，对鲁迅先生的小说作了归纳：“我们已经学习了鲁迅先生的《故乡》《孔乙己》《阿Q正传》《祝福》等几篇小说。通过思考，我们可以发现，鲁迅的这些小说都是悲剧，而且都是‘平民悲剧’。悲剧古已有之，古希腊的《荷马史诗》就是悲剧，但它是‘英雄悲剧’。下面，我们就一起来比较一下两者有何区别……”这样的拓展，由感性上升到理性，由零散归于系统，由比较而使认识更为深入，有相当的深度，对学生的思维的深刻性的养成有非常好的作用。

同时，从教学内容生发开去，进行有广度的拓展，可以加强学习知识之间的横向联系，不仅拓宽了学生的知识面，而且可以培养学生的发散思维，教会学生用联系的观点去看待问题和处理问题，在不知不觉中影响了学生的世界观、人生观、价值观。

6. 要珍惜动态生成中拓展的机会

在灵动的动态教学过程中，总会有新的生成，“智者乐水”。好的教师总能抓住新的生成进行拓展，必然会使教学呈现绚丽多姿的局面。而有的教师却只会照本宣科，很多拓展生成的机会都被忽视和扼杀。我们应该在课前多做一些准备，多一些预测，多几种假设，多想想学生会有什么反应。只有这样，对话中拓展生成的机会才可能得到充分的利用。

## 四、课堂拓展技能案例示范

随着新课改的不断深入，新课程教学又刮起了一股拓展教学之风。通过对课堂教学的现状作的认真审视，我们发现在拓展中存在的问题并不鲜见，必须引起我们的重视并采取切实有效的措施加以解决。这些问题大多表现为重形式轻内容、多泛化少约束、多预设性少生成性等。

有效才是硬道理，课堂拓展要以“有效”为第一追求。那么，如何提高课堂拓展的有效性呢？这就需要教师从教学的本质出发，精心筛选拓展内容，悉心挑选拓展形式，适度控制拓展容量，准确把握拓展时机，把拓展融入文本教学的环节，成为文本教学的有机组成部分。只有这样，课堂拓展才能渐入佳境，洞开一片美丽的天地。

具体来讲，拓展的常见问题有：

**【案例1】舍本逐末**

《月光启蒙》(苏教版语文五年级下册)教学片段：

(蜻蜓点水式的阅读感悟过后)

师(满怀深情地):同学们,母爱是伟大的,母爱是神圣的。古往今来,多少诗人为之吟咏,多少作家为之歌颂。今天,老师还带来了几篇歌颂母爱的文章,让我们怀着感恩的心来阅读这些文章,好吗?

生(兴高采烈地):好!

(课件出示两篇歌颂母爱的文章,教师配乐声情并茂地朗诵)

——《合欢树》([中]史铁生)

——《普利策奖献给我贫穷的母亲》([美]詹妮)

师(激动地):同学们,当你读到这些文字时,你能够理解作者对母亲的感激之情吗?你能够体会到母爱的伟大吗?让我们再来读一读这些文字吧,我相信,一定会有一股感激之情从你的心头油然而生……

(前后花去大约15分钟的时间)

反思:以"本"为本——拓展要有限度

编入教材的课文都是经过专家精心挑选和反复加工的,是学生学习的规范文本,是教师实施教学的重要凭借。大多数课文文质兼美、语言规范、内涵丰富、意味隽永,教师必须引导学生仔细诵读、感悟、欣赏、玩味,把文本的内容内化为自身的素养。当前,拓展中有一种倾向必须扭转:学生对文本尚"一知半解",生字还不会写,课文还不会读,含义还没有懂,教师就去搞所谓的拓展,结果是捡了芝麻而丢了西瓜。案例1中的教者花费大量的时间拓展阅读歌颂母爱的文章,从表面上看延伸了学习内容,深化了文章主题,实际上这样的拓展冲淡了文本本身的教学,削弱了文本本身的教学地位。我们细想一下:学生要真正读懂《月光启蒙》已经不易,在课堂上再去读那么多内容,学生能读懂吗?不管语文课堂教学如何拓展,服从并服务于语言学习这一点不能变。语文课堂教学拓展要以文本为凭借,以提高学生理解和运用祖国语言文字能力为根本,准确把握好拓展的限度。一是选择的数量要有限度。语文课堂的拓展并不是越多越好,而应看是否必要,学生是否能够接受。二是占用的时间要有限度。拓展要着眼于文本的深化,必须保证文本有足够的学习时间,不能让拓展的材料挤占文本的学习时间。否则,就是本末倒置,得不偿失。

【案例2】生搬硬套

《梦圆飞天》(苏教版语文五年级下册)教学片段：

(教师引导学生阅读感悟宇航员杨利伟乘坐“神舟”5号宇宙飞船遨游太空的内容后)

师(赞赏的语气)：杨利伟乘坐宇宙飞船遨游太空是一个了不起的壮举。老师这里还有介绍宇航员的有关资料，想看看吗?

生(肯定的语气)：想!

(课件出示资料，然后指名学生读。)

——《第一个登上月球的宇航员》(介绍美国宇航员尼尔·阿姆斯特朗)

——《太空中牺牲的妇女》(介绍美国宇航员麦考利夫)

……

反思：浑然一体——拓展要有黏度

一堂成功的语文课应该如一篇优美的文章，首尾呼应，气韵贯通；应该如一幅优美的图画，疏密相间，错落有致；还应该如一首动人的乐曲，音律和谐，浑然一体。语文课堂拓展的内容要与文本紧密相连，不游离于文本教学之外，成为课堂教学的有机组成部分。而目前语文课堂教学拓展中存在这样一个误区：以为拓展就是往每堂课里硬塞一些课外资料，致使拓展生搬硬套、生拉硬扯，课堂教学支离破碎、一盘散沙。《梦圆飞天》一文记叙了“神舟”5号飞船载着杨利伟首次飞行太空的过程，表现了中国人民实现飞天梦想的无比喜悦与自豪。案例2中，教者安排学生拓展阅读美国宇航员的有关资料，从内容上看与文本具有相似性，但从主题上看与文本相去甚远，因而与文本教学格格不入。如果教者相机介绍杨利伟或乘坐“神舟”6号遨游太空的宇航员——费俊龙、聂海胜的相关资料，就与文本主题比较贴近，与文本教学比较吻合了。如何使课堂拓展与文本教学融为一体呢？就是要使拓展与文本教学之间有一定的黏合度。一是目标要精当。拓展要以提高学生理解和运用祖国语言文字的能力为目标。二是内容要适当。随着网络技术的不断发展，可供拓展的内容来源广泛、种类繁多。掌握不好，选择的材料就有可能成为可有可无的累赘，干扰教学的进程。这就需要教师从众多的材料中精心筛选，把那些与文本联系最紧密、与拓展目的最相符、与学生认知水平最贴近的材料选择出来。三是时机要恰当。拓展要掌握好“火候”，要在文本教学最急需的时候进入教学环节。否则，再好的材料也不能发挥应有的作用。其实，语文课堂拓展的时机是有规律可循的：上课初，或知识铺垫，或激发兴趣；上课中，或突出重点，或突破难点；上课末，或升华主题，或拓宽视野。只有做到这三点，拓展才能与文本教学成为一个有机整体。

**【案例3】蜻蜓点水**

《泉城》(苏教版语文四年级上册)教学片段：

师(神秘地)：刚才我们学习了珍珠泉、五龙潭、黑虎泉、趵突泉等四眼泉水，老师还带来了七十二泉中的柳絮泉、五莲泉、白石泉、墨泉，你们想不想知道这几眼泉的位置和特点呀?

生(异口同声地)：想!

师(肯定地)：那我们就来看看这几眼泉水。

(教师用多媒体出示四眼泉水的补充学习材料)

师：请哪一位同学把补充学习材料读一下。

(学生纷纷举手，教师指名读补充材料后结束，前后过程不足2分钟)

反思：形神兼备——拓展要有深度

当前，不少语文课堂的拓展只注重外在形式，浅尝辄止，浮光掠影，效果不佳。其实，语文课堂的拓展，既要有外在的“形”(拓展的材料)，更要有内在的“神”(通过拓展提高学生理解和运用祖国语言文字的能力)。只有形神兼备，才能获得最大效益。案例3的拓展还只停留在向学生介绍知识的层面，停留在拓展内容的层面。在学生的头脑中，只是在了解到济南有珍珠泉、五龙潭、黑虎泉、趵突泉之外，还有柳絮泉、五莲泉、白石泉、墨泉，拓展还浮于表面，停留在浅层次上。

要使拓展有深度必须做到两点。一是拓展材料要有“含金量”。拓展的内容本身要有可供利用的价值，有可供教师对学生进行语言训练的生长点，最好能发挥多方面的作用，起到“以一当十”的效果。二是开发拓展材料的“附加值”。教师要从提高学生语文素养的高度，对所拓展的材料加以开发和利用。案例3中，教者可以对拓展材料作一番深度开发：请你模仿作者介绍珍珠泉、五龙潭、黑虎泉、趵突泉的方法，先介绍泉水的位置，再介绍泉水的特点，选择其中的一眼泉水进行介绍。这样做，既拓展了文章的内容，拓宽了学生的视野，还进行了写作方法的迁移训练，提高了学生的写作能力，可谓一石三鸟、一举多得，何乐而不为?

## 五、课堂拓展技能实战演练

拓展训练的目的于巩固新知、综合运用、培养能力，通过训练学生所学的知识得到巩固和提高，形成完整的认知结构和知识体系。夯实基础，抓基础训练面向全体，重视发展，练习重视综合与层次，拓展训练照顾差异，不要齐步走、一刀切，允许异步发展，让每个学生在自己的水平上不断进步和提高。

[训练目标]

1. 了解拓展技能的概念及其作用，提高运用拓展技能的意识。

2. 了解拓展技能的类型和具体的方法并将其运用到具体设计中去。

3. 了解拓展教学的基本要求和存在的问题，反思自己教学中的缺陷。

4. 能结合教学实际，设计出恰当的拓展内容。

[训练方法]

1. 熟练掌握本学科知识，对本学科知识有宏观的整合能力。

2. 注重学科间知识的综合，以便在教学时能对其他学科的知识进行有效的渗透，培养创新思维。

3. 热爱生活，热爱思考，向生活大课堂学习。

4. 学会运用同质、异质和诗性联想，对学科知识进行对照、归纳、评析。

5. 多到教学现场去听课，观察优秀教师的课堂教学，从中吸取经验，并运用到具体教学中。

[拓展技能实战训练]

1. 技能分解训练

根据自己所教的科目，自选一段教材，根据教学目标要求，分别设计知识、理解、应用、分析、综合、评价这六种不同水平的问题。

**拓展技能训练评价量表**

| 评价指标 | 权重 | 评价等级 | | | 得分 |
|---|---|---|---|---|---|
| | | 优 | 良 | 差 | |
| 1. 拓展是否基于学情 | 2.5 | | | | |
| 2. 拓展是否基于文本 | 2.0 | | | | |
| 3. 拓展是否基于本学科 | 2.0 | | | | |
| 4. 拓展是否自然适度 | 2.0 | | | | |
| 5. 拓展是否有深度和广度 | 1.5 | | | | |
| 总 计 | 10.0 | | | | |

2. 技能现场训练

如果条件允许，根据自己所预设的内容，根据教学目标要求，放到具体的教学情境中去进行实际演练。

3. 综合技能训练

根据自己所教的科目，自选一段教材，根据教学目标要求，进行拓展设计，并设想学生反应的可能性，以及对这些可能性行为的再引导。编写详细的微型教学教案，进行微型教学实践，时间约为15分钟。训练小组做好详细的观察记录，并进行自我评议和小组讨论。受训者修改教案，进行第二次试教，直到合格。

# 第十章　课堂教学评价技能

## 一、真实案例导入

### 一切为了孩子

有一次教《菜园里》一课，我根据课文儿歌内容改谜语，让学生猜蔬菜的名称，猜对了就出现相应的蔬菜图。我问："什么身穿绿衣裳？"一生说："辣椒身穿绿衣裳。"大家都没反对，俞志杰却扯开嗓门大叫："错了，笨蛋！辣椒有些是红的。"这句惊天动地的话让我和其他学生都听见了，有的学生被他说话的模样逗乐了，有的学生看着我，想从我的脸上找到答案。怎么办呢？否定吧，他的说法是正确的；肯定吧，他的话太不文明了；批评他吧，更不行，要知道他的思想常游离于课堂之外，此时是他思想最集中的时候。我冷静了一下，语气平静地说："你的反应是超一流的，在其他同学还没反应时，你第一个发现了辣椒有青和红之分，值得表扬。"我的话音刚落，同学们响起整齐有节奏的掌声，他得意极了。可我话锋一转："如果你刚才说的话中去掉'笨蛋'这个词，我相信同学们的掌声会更响。"委婉、亲切的语言软化了他的逆反心理，他也心悦诚服地点了点头。

有些学生开朗、心胸豁达，上课时不妨"幽他一默"，让学生在轻松的气氛中增智，并在增智中学会幽默。一次，张凯把"亮晶晶"读成了"娘晶晶"。我示范了好几次，可他还是读"娘"，学生们哄堂大笑起来。我知道他不是故意读错，便微笑着说："你今天可能感冒了，鼻音太重了，等感冒好了，就不会读N了。"

有些学生自信心不足，如果经常用充满感情的语言感染他、熏陶他，他们就会树立自信，获得成功的喜悦。一次，上了《日月明》一课后，我请他们想想：在学过的字中哪些也是由两个独体字组合在一起的？学生马上打开书找起来，一时间说出了好多，如女马妈、女子好、竹毛笔、木口杏等。这时，我看到符雯斐也举起了小手。这个学生平时回答问题声音很轻，可我还是叫她来回答。她说，她的名字中的雯是雨和文合起来的。我马上表扬她说："你能从自己的名字中发现汉字的这个特点，真了不起，老师要竖一个大拇指表扬你。如果下次回答问题再响亮一点，老师给你竖两个大拇指好吗？"她听了，高兴地点点头。现在，班里学生回答问题都比较响亮，很有自信。

## 二、课堂教学评价技能理论指导

### (一)课堂教学评价技能概述

1. 教学评价的内涵

教学评价是以教学目标为依据，运用可操作的科学手段，通过系统地收集和处理教学设计与教学实施过程中的有关信息，对教学活动的过程和结果做出价值判断，进而改进教学、提高教学质量的过程。[1]教学评价是对教学工作质量所作的测量、分析和评定，包括对学生学业成绩的评价、对教师教学质量的评价和进行课程评价。

教学评价一般包括对教学过程中教师、学生、教学内容、教学方法手段、教学环境、教学管理诸因素的评价，但主要是对学生学习效果的评价和教师教学工作过程的评价。教学评价的两个核心环节：对教师教学工作(教学设计、组织、实施等)的评价，即教师教学评估(课堂、课外)；对学生学习效果的评价，即考试与测验。

评价的方法主要有量化评价和质性评价。

2. 教学评价的要素

教学评价是一个过程，其中评价者系统地、有计划地从量或质的角度描述教学的过程、结果及其他有关方面的属性(如课堂教学环境、教材特点、学生发展的阶段性)，并以此做出价值判断，确认是否达到了所期望的教学目标。在这个过程中，教学评价的三个组成要素(教学评价的对象、教学评价的标准及教学评价的方法途径)起决定作用。

1　曲铁华．教师学与教学论．东北师范大学出版社，2006年版，第310页．

(1)教学评价的对象

相对于教学而言，评价对象包括教师(如教师个人素质、在教学中的行为表现等)、学生(如学生个人在学习中的态度、兴趣及个性，相关能力，学业表现等)、学习资源(如教材、教学辅导材料、多媒体技术等)、学习环境(如课堂氛围，师生教与学的交流，校园、社会或文化背景等)、评价的基本理念和价值取向等。

(2)教学评价的标准

在教学评价中，根据被评价对象的不同以及评价目的的不同确立评价标准，需要考虑多方面的因素，以体现多元化的价值取向。

如果从四个维度——“学生学科学习的状态、获得学科发展的状况、教师教学的行为、教学的效果来考查学科课堂教学评价，并在每一个基本维度上，进一步明确对师生发展有价值的若干观察标志(如学习状态又可分为参与状态、交往状态、思维状态、情绪状态、生成状态等)，可对各个标志进一步明确评价的若干标准，构建出一个新的教育理念学科课堂教学评估体系。但是，如果以“学生获得的知识技能、教师基本功的发挥、教学内容的容量”等角度作为主要指标，制定评价标准，那么，评价的关注点则变成关注学生在课堂上获得的知识容量和系统性，以及教师课堂教学的发挥，此时教师是否实现教学的互动并不重要，重要的是课堂教学的容量，其最佳状态是“高密度、大容量”。当然，其教学方式很可能是“满堂灌”和“填鸭式”的。

(3)教学评价的方法与途径

大陆流行的教学评价方法主要有量化评价和质性评价两大类，适用于各学科。量化评价方法是力图把复杂的教育现象简化为数量，从数量的分析与比较中推断某—评价对象的成效，其收集信息与资料的途径通常借助于教育测量。这种方法简单、明了，直接反映评价对象的特质，适用于简单、单纯的教育现象。质性评价方法是力图通过自然的调查，全面充分地揭示和描述评价对象的各种特质，以彰显其中的意义，促进理解。其收集信息与资料的途径通常有观察法、谈话法、调查法、学生成长记录袋法等。这种评价方法全面、深刻，在某种程度上是评价者对教育现象的解读，更适用于评价复杂的教育现象。在具体的各科教学实践中，如何结合各自的学科教学的特点，形成具有学科特色的教学评价方法，是教学评价研究的重要课题。

3. 教学评价的基本特征[2]

⑴评价目标多元性

在教学中，评价应建立多元化的目标，既要关注学生在知识技能方面的掌握情况，也要关注学生在个性、潜能等方面的发展。至少应包括以下几个方面的功能：

（a）反映学生学习的成就和进步，激励学生的学习；

（b）诊断学生在学习中存在的困难，及时调整和改善教学过程；

（c）全面了解学生学习的历程，帮助学生认识自己在解题策略、思维方法或学习习惯上的长处和不足；

（d）使学生形成正确的学习预期目标，形成对学习的积极态度、情感和价值观，帮助学生认识自我，树立信心。

⑵评价内容多维性

所谓评价内容多维性，意指教学评价的具体内容应围绕知识与技能、过程与方法、情感态度价值观而展开，形成多维度、全面性的评价内容体系。

⑶评价手段、方式方法多样性

在新课程推进中，主张教学评价手段和形式多样化，而且以过程性评价为主，涉及评价学生的进步，调节教师的教学以及为家长们提供他们孩子在校学习的情况等方面，既可用书面考试、口试、活动报告等方式，也可用课堂观察、课后访谈、作业分析、建立学生成长记录袋等。

⑷评价主体多元性

现代教育评价主张评价既可以让学生开展自评和互评，也可以让家长和社区有关人员参与评价过程，强调评价过程中教师、学生、家长和教育管理者的多主体的选择、沟通和协商。加强自评、互评等形式的评价，使评价成为师生共同参与、共同发展的过程。

⑸评价结果处理科学化

首先，强调结论的全面解释与慎重处理。其次，对收集信息要比对其数值给予更大的关注。

2　曲铁华．教师学与教学论．东北师范大学出版社，2006年版，第312页．

### (二)课堂教学评价的原则

1. 客观性原则

客观性原则是指在进行教学评价时，从测量的标准和方法到评价者所持有的态度，特别是最终的评价结果，都应该符合客观实际，不能主观臆断或掺杂个人情感。这是因为，教学评价的目的在于给学生的学和教师的教以客观的价值判断。如果缺乏客观性，就失去了意义，进而导致教学决策的错误。

2. 整体性原则

整体性原则是指在进行教学评价时，要对组成教学活动的各方面做多角度、全方位的评价，而不能以点代面，一概而论。由于教学系统的复杂性和教学任务的多样化，使得教学质量往往从不同的侧面反映出来，表现为一个由多因素组成的综合体。因此，为了反映真实的教学效果，必须把定性评价和定量评价综合起来，使其相互参照，以求全面准确地判断评价客体的实际效果。但同时也要把握主次，区分轻重，抓住主要矛盾，决定教学质量的主导因素。

3. 指导性原则

指导性原则是指在进行教学评价时，不能就事论事，而要把评价和指导结合起来。要对评价的结果进行认真分析，从不同的角度找出因果关系，确认产生的原因，并通过及时的、具体的启发性的信息反馈，使被评价者明确今后的努力方向。

这条原则是指在进行教学评价时，要从教与学相统一的角度出发，以教学目标体系为依据，确定合理的统一的评价标准，认真编制、预试、修订评价工具。在此基础上，使用先进的测量手段和统计方法，依据科学的评价程序和方法，对获得的各种数据进行严格的处理，而不是依靠经验和直觉进行主观判断。

4. 科学性原则

这条原则是指在进行教学评价时，要从教与学相统一的角度出发，以教学目标体系为依据，确定合理的统一的评价标准，认真编制、预试、修订评价工具。在此基础上，使用先进的测量手段和统计方法，依据科学的评价程序和方法，对获得的各种数据进行严格的处理，而不是依靠经验和直觉进行主观判断。

5. 发展性原则

教学评价是鼓励师生、促进教学的手段。因此，教学评价应着眼于学生的学习进步和动态发展，着眼于教师的教学改进和能力跳高，调动师生的积极性，进一步提高教学质量。

**(三)课堂教学评价的类型**

根据评价在教学活动中发挥作用的不同，可把教学评价分为诊断性评价、形成性评价和总结性评价三种类型。

1. 诊断性评价

诊断性评价是指在教学活动开始前，对评价对象的学习准备程度做出鉴定，以便采取相应的措施，使教学计划顺利、有效实施而进行的测定性评价。诊断性评价的实施时间一般在课程、学期、学年开始或教学过程中需要的时候。其作用主要有两个：一是确定学生的学习准备程度；二是适当安置学生。

2. 形成性评价

形成性评价是在教学过程中，为调节和完善教学活动，保证教学目标得以实现而进行的确定学生学习成果的评价。形成性评价的主要目的是改进、完善教学过程，具体步骤是：

①确定形成性学习单元的目标和内容，分析其包含要点和各要点的层次关系。

②实施形成性测试。测试包括所测单元的所有重点。测试进行后，教师要及时分析结果，同学生一起改进、巩固教学。

3. 总结性评价

总结性评价是以预先设定的教学目标为基准，对评价对象达成目标的程度即教学效果做出评价。总结性评价注重考察学生掌握某门学科的整体程度，概括水平较高，测验内容范围较广，常在学期中或学期末进行，次数较少。

按评价所参照的标准划分：(1)目标参照评价；(2)常模参照评价。

**(四)教学评价功能**

1. 导向功能

按照教育方针，课程计划规定的学校培养目标，各科教学大纲规定的教学目的、任务、内容，是教学评价的基本依据，它们是通过教师的教和学生的学的具体活动实现的。在评价过程中，把师生的活动分解成若干部分，并制定出评价标准。根据这些标准判定师生的活动是否偏离了正确的教学轨道，是否偏离了教育方针和教学目标，有无全面完成各科教学大纲规定的目的和任务，从而保证教学始终沿着正确的方向发展。教学评价有利于各级各类学校端正教学指导思想和办学方向。

2. 鉴别和选择功能

教学评价可以了解教师教学的效果和水平、优点、缺点、矛盾和问题，以便对教师进行考察和鉴别。这有助于学校和教育行政领导决定教师的聘用和晋升，有助于在了解教师状况的基础上，安排教师的进修与提高。教学评价能对学生在知识掌握和能力发展程度作出区分，从而分出等级，为升留级、选择课程、指导学职业定向提供依据，为选拔、分配、使用人才提供参考。同时，也是向家长、社会、有关部门报告和阐释学生学习状况的依据。

3. 反馈功能

通过教学评价，能使教师和学生知道教学过程的结果，及时地提供反馈信息。反馈信息在教学中具有重要的调节作用。信息工程学表明，只有通过反馈信息来调节行为，才有可能达到一定的目标。教师获得评价的反馈信息，能及时地调节自己的教学工作，能了解自己的教学方法和教学过程组织中的某些不足，诊断出学生在学习上存在的问题与困难；可使教师明确教学目标的和实现程度，明确教学活动中所采取的形式和方法是否有利于促进教学目标的实现，从而为改进教学提供依据。学生获得反馈信息，能加深对自己当前学习状况的了解，确定适合自己的学习目标，从而调整自己的学习。此外，还能起到激发学生学习动机的作用。研究表明，经常对学生进行记录成绩的测验，并加以适当地评定，可以有效地激发并调动学生的学习兴趣，推动课堂学习。

4. 咨询决策功能

科学的教学评价是教学工作决策的基础。只有对教学工作有全面和准确的了解，才能作出正确的决策。例如，1981年，美国教育部组织了一次历经

18个月的教育评价活动。在教学方面评价后，明确指出："由于学校课程平淡，学生学习时间短，鼓励学生学习的措施减少，教学质量下降，培养出越来越多的庸才。"对教学工作的这个评价结果，在美国引起了强烈反响，有50个州对学校教学进行了反思，采取了以下措施：提高教学要求，延长学生学习时间，改革课程设置、教学内容和方法，有计划地培训教师，提高教师水平。教学决策实践表明，任何科学的教学决策都是建立在教学评价提供的具有说服力的评价结果的基础上的。

5. 强化功能

教学评价可以调动教师教学工作的积极性，激起学生学习的内部动因，维持教学过程中师生适度的紧张状态，可以使教师和学生把注意力集中在教学任务的某些重要部分。实验证明，适时地、客观地对教师教学工作作出评价，可使教师明确教学中取得的成就和需要努力的方向，可促使教师进一步研究教学内容、教学方法，以提高自己的教学水平。对于学生来说，教师的表扬、鼓励、学习成绩测验等都可以提高学习的积极性和学习效果。同时，评价能促进学生根据外部获得的经验，学会独立地评价自己的学习结果，即自我评价。自我评价有助于学生成绩的提高。

6. 竞争功能

教学评价尽管不要求排名次等级，但其结果的类比性是客观存在的。如通过学生的学习成果评价，就能引起任课教师之间、学生之间、班级之间、学科之间的横向比较，从而了解到教师、学生、本班、本学科的优势和劣势，看到差距，认识到自己在总体中的相对地位，客观上能起到竞争的作用。

## 三、课堂教学评价技能应用方法与要求

### （一）教学评价的一般方法

1. 绝对评价法

绝对评价法是在被评价对象的集合以外确定一个客观标准，将评价对象与这一客观标准相比较，以判断其达到程度的评价方法。绝对评价法设定评价对象以外的客观标准，考察教学目标是否达成，可以促使学生有的放矢，主动学习，并根据评价结果及时发现差距，进行调整，具有明显的教

育意义。

2. 相对评价法

相对评价法是从评价对象集合中选取一个或若干个对象作为基准，将余者与基准做比较，排出名次、比较优劣的评价法。相对评价法便于学生在相互比较中判断自己的位置，激发竞争意识。

3. 个体内差异评价法

个体内差异评价是以评价对象自身状况为基准的，对评价对象进行价值判断的评价方法。在这种方法中，评价对象只与自身状况进行比较，包括自身现在成绩同过去成绩的比较，以及自身不同侧面的比较(如将学业测验结果与智能测验结果相比较，根据二者的相关程度确定学生的努力程度等)。

个体内差异评价法比较充分地照顾到学生的个性差异，力图减轻评价对象的压力。但是，它只是使评价对象与自身状况进行比较，既不是按照一定的客观标准进行评价，亦无评价对象之间的相互衡量，容易导致信度降低，学生自我满足。因此，常与绝对评价、相对评价结合使用。

**(二)影响教学评价的因素**

一节课的质量由多种因素组成，主要由教师和学生两个方面影响因素组成。

1. 教师方面

关键在于如何调动学生学习的积极性，正确引导学生进行学习。具体来说，有以下几个方面：

⑴教材处理。备课认真，教学明确，中心突出，讲述正确。

⑵教学方法。贯彻启发性原则，加强基础知识与基本技能的教学，注重培养学习能力，发展智力，教会方法，调动学生学习的积极性。

⑶教学语言。准确、生动、形象，富有感情，逻辑严密，提纲挈领，条理清晰，有的放矢。

⑷教态。仪表端庄，举止从容，亲切和蔼。

⑸思想教育。教书育人，结合教学内容进行思想教育。

2. 学生方面

一堂好课必须以学生为中心，发展学生的个性。学生是课堂的主体，关键在于学生能学到什么。具体来说，有以下几点：

(1)学生积极参与课堂教学，有创新意识，敢于发表自己的见解和提出问题。

(2)学生在课堂上有多边的、多样的丰富的信息反馈，具有良好的合作和良性的竞争环境。

(3)学生具有适度的紧张性和愉悦感，能够自控和调节学习情绪。对于学习更有信心，渴望下一节课的来临。

一节好课能调动学生学习积极主动的学习态度，在教师的正确指引下，在获得基础知识、学习技能的同时学会学习。同时，形成正确的价值观。只有基本达到以上两方面标准，才称得上一节好课。

**(三)课堂教学评价技能应用要求**

1. 教师评价与学生自主评价相结合

现代教学评价主张让学生成为教学评价的积极参与者，增进学生对教学的参与程度，激发创造和自我评价功能。学生采用自评和互评的方式，在自我评价中获得自我发展。采用教师评价与学生自主评价相结合的方式，更有利于学生的发展。

2. 不仅注重总结性评价，而且重视形成性评价

传统的教学评价是在教学后进行的，是静态操作方式，不利于将评价与教学过程结合起来，忽略了对学生思考能力和问题解决能力的考查。现代教学评价注重形成性评价，这种评价是在教学过程中进行的，是教学过程的有机组成部分。通过实行形成性评价，教学信息得到及时反馈，教学活动得到及时调节和改进，教学效果得到及时强化和矫正，从而实现教学目标，提高教学质量。

## 四、课堂教学评价技能案例示范

**【案例1】**

王林平时成绩一般，但总想找个机会能一鸣惊人。期末考试前的一天下午，王林走过教导处门口，看到里面没人，就走了进去，一眼看到老师放在书柜里的语文试卷。他想，机不可失，时不再来。正当他打开橱门时，教导

处张主任突然走了进来。张主任看到瑟瑟发抖的王林，什么都明白了。张主任严肃地对王林说："平时不努力，现在偷试卷，真丢脸！你等着受处分吧！"脸色煞白的王林哀求道："我下次再也不敢了，请不要处分我。"张主任怒道："没门！"几天后，学校宣布了对王林的处分决定。请问：张主任的做法对吗？为什么？假如你是张主任，你会怎样做？

**分析：**在上述案例中，张主任的做法是不对的。这是因为，他的做法违背了新课程的最高宗旨和核心理念——"一切为了孩子的发展"。错误之一：没有把学生作为发展中的人看待。王林还是一个不成熟的人，是一个正在成长的人，他正需要接受学校教师的教育和帮助。作为教导主任，不能以这种简单的方法进行教育，应该与他一起分析错误的危害，帮助他，同时指出他在学习上应努力的方向，并相信他通过批评和自我批评，能改正错误。错误之二：没有把学生看作是完整的人。学生并不是单纯的抽象的学习者，而是有着丰富个性的完整的人。在教育活动中，作为完整的人而存在的学生，不仅具备全部的智慧力量和人格力量，而且体验着全部的教育生活。作为教育工作者，必须把学生作为完整的人来对待，尊重学生的人格与尊严，关注学生的道德、情感、态度、价值观，抓住教育契机，因势利导，促进学生个性健康发展。假如我是张主任，一定不会这样做。当我发现了王林的这种不轨行为后，会耐心细致地和他一起分析这种错误的危害，指出他学习上的不足，提出应努力的方向，并相信他会改正错误。在今后的学习中，我会关注他的发展，不断帮助他，使其健康成长。

**【案例2】**

我是差生行列中的一员，经受着同其他差生一样的遭遇。然而，我并不想当差生。我也曾努力过、刻苦过，但最后却被一盆盆冷水浇得心灰意冷。就拿一次英语考试来说吧。我学英语觉得比上青天还难，每次考试不是个位数就是十几分。一次，老师骂我是蠢猪。我一生气，下决心下次一定要考好。于是，我起早摸黑，加倍努力，牺牲了多少休息时间也记不住了。好在工夫不负有心人，期末预考时，真的拿了个英语第一名。当时，我心里的高兴劲儿就别提了，心想这次老师一定会表扬我了吧！可是，出乎意料，老师一进教室就当着全班同学的面问我："你这次考这么好，不是抄来的吧？"听了这话，我一下子从头凉到脚，心里感到一阵刺激，那种心情真是比死还难受一百倍。难道我们差生就一辈子都翻不了身了吗?

**思考：**阅读案例，请找出现行评价存在的问题，谈谈你的体会。

**分析：**现行的评价和考试制度与素质教育和课程改革的要求还存在一定的距离。问题主要表现在：

1. 现行的评价与考试制度过于强调甄别与选拔，忽视了促进学生发展的功能。

2. 评价指标单一，过于关注学业成绩的结果，忽视了对学生学习过程的考察。

3. 评价方法单调，过于重视纸笔测验，强调量化成绩，对其他考查方式不够重视。

4. 学生基本处于被动地位，自尊心、自信心得不到很好的保护，主观能动性得不到很好的发挥。

**【案例3】**

在校长室，记者提出见识下一实验班学生的成绩单。孙坚力校长满足了记者的要求，拿出了该校学生的“八宝袋”——“成长记录袋”。“成长记录袋”是一种由学校统一制作的、可以体现学生综合素质的材料袋。袋内可以装学生的操行成绩单、期末考试试卷、平时考查成绩最高的试卷、最好的作文或周记、最满意的写字作业或英语口语录音、美术作业或创作画、小论文、小制作或其他获奖材料，甚至是学生自己、家长、教师认为可以反映学生素质提高的有关材料。简而言之，成长记录袋就是学生一个学期的大“成绩单”。它在年初发给学生，由学生自己保存，并整理本学年的有关材料，下学年初交给教师保存。这样一来，每位学生结业时就有五六袋足以证明自己的素质材料了。

**请思考：**“成长记录袋评价法”有哪些优点？有哪些不足？在当前你认为是否可行?

**分析：**

优点：“成长记录袋评价法”重视学生发展的全过程，能记录学生的成长历程。

1. 能够提供相对“真实”的信息和证据。

2. 能够提供丰富多样的评价材料。

3. 能够开放地、多层面地、全面地评价学生。

4. 能够针对每一位学生进行评价，评价具有个性和针对性。

5. 能够使学生体验成功，感受成长与进步。

6. 有利于提高学生的自我反思能力。

7. 有利于学生对自己的学习负责。

不足：

1. 容易走形式、走过场。

2. 内容太多，不好选择，不好整理、分析。

3. 主观性太强，很难达到客观、真实。

4. 很难保持公平、公正，容易“走后门”。

5. 不适于大班的评价。

6. 工作量太大，教师负担过重。

7. 如果各科都建“成长记录袋”，学生也会觉得烦。

**【案例4】**

阅读《“精彩极了”和“糟糕透了”》，教师这样引导：“一首诗，妈妈说它精彩极了，爸爸又说它糟糕透了，你们看法如何？请大家细读课文，从中找到答案。”细读体会后，教者让学生谈体会。结果，有的说精彩，一个孩子能写诗不容易；有的说糟糕，因为是孩子写的第一首诗肯定不行。教师马上作出结论：“都有道理，反正都说明了爸爸妈妈对孩子的爱，只是爱的方式不同。”学生看教师说得有理，赞同地点了点头。

**分析：**教师知道了差异运用的必要，便抓住重点句子引导阅读体会，并借助讨论，让学生陈述观念以形成差异。遗憾的是教师就此止步，越俎代庖，以讲代导，失去了放大生成的机会，使得差异运用的价值大打折扣。

由此可见，要使差异成为教学资源，不仅要关注差异本身，更要关注差异运用，关注差异运用的过程。没有差异，就谈不上运用，也就谈不上差异资源的生成；仅有差异而不加运用，或者轻描淡写地运用，那差异的资源价值就会大大丧失。

另外，教师也忽视了资源生成的主体。教者抓住学生对近义词理解的差异，加以引导，促进理解，应该肯定。但问题是教师讲，结论是教师下，学生完全处于被动地位。再加上教者交代简单，讲解抽象，价值运用未能到位。可以在学生提出“是在不同的场合说的”这一见解时，及时引导：“有人说是为了避免重复，有人说考虑到了人物说话的场景。你们是怎样理解的呢？请联系课文内容，联系各人说话的背景，谈谈你们的理解。”这样就能促使学生细读课文，从人物说话的目的和场所分析，那课堂一定会出现“差异资源”生成的亮丽风景。学生必定能知道，从说话的目的看：第一句是安慰，声音要轻，所以用“说”；第二句是号召，声音要大些，所以用“叫道”；第三句是警示，声音要更大，所以用“大声喊”。从说话与听话者的距离看：姑娘在身边，只要说就能听见；小朋友们在周围，而且在傍晚时分的马路上，有些嘈杂，所以要大声叫才能听到；而小伙子在远处汽车的驾驶室里，只有大声喊才能听到。

教师须从“台前”退至“幕后”、由“独唱”转为“伴奏”，做一位帮助发现真理而不是拿出现成答案的人，使教学变得开放起来、流动起来。

【案例5】

自主质疑：观看了《草船借箭》的动画过程后，请提出不明白的或感兴趣的问题。

学生1：诸葛亮为什么叫兵士把船一字儿排开并擂鼓呐喊？他就真的不怕曹操派兵出来吗？

学生2：为什么诸葛亮要兵士高声呐喊“谢谢曹丞相的箭”？

学生3：为什么曹操只敢用火箭去攻击诸葛亮的船队，却不出兵追击？否则，诸葛亮的船队肯定就完了。

……

教师：“想不到你们的思维这么活跃，提出了一个又一个很有价值的问题，希望你们每堂课都有这样出色的表现！只要学会动脑、学会思考，你就一定能成为现代社会神机妙算的‘诸葛亮’。要解决这些问题不难，但是，老师不能把答案直接告诉你们。请你们通过小组合作或者请教同学来共同解决这些问题，好吗？”

**分析**：学生提的问题，有的与理解文章内容有关，有的恰好与文章的写作方法有关。教师首先要表扬善于提出有价值问题的同学，对其夸奖："科学家就在我们身边，只要你善于发现，就会成功！"教师也要对学生提出的问题进行小结、概括，但对于学生的问题不一定都要自己回答，可以以学生之口代替教师回答。教师不再是把自己所知道的都讲给学生，而是让感悟了的学生告诉未知的学生。这就让学生学会了群体学习的方式，学生真正成为学习的主体。

## 五、课堂教学评价技能实战演练

教学评价是按照一定的价值标准，对课堂教学活动的诸多因素及发展变化所进行的价值判断。科学的课堂教学评价应围绕课堂教学评价的对象，以评价的价值取向作为出发点，选择适当的研究方法和评价方式，形成合理的评价体系，确立一级指标、二级指标和三级指标，评价学生的学习行为学习效果、教师的教学行为教学过程和教师基本素质三个方面。

### (一)训练目标

1. 知识目标

(1)明确教学评价的意义和基本要求。

(2)了解教学评价技能的发展特点和基本类型。

(3)能说出课堂教学评价的指标。

2. 理解目标

能理解课堂教学评价的改革方向。

3. 运用目标

(1)了解学习评价的依据和标准，通过训练掌握学习评价的方法。

(2)使考试由选拔模式向促进学生全面发展的考试模式转化，使考试由"筛选器"变成"促进器"。

(3)考试内容要紧密联系社会实际、学生生活经验以及社会对人的素质要求，要重视考查学生分析问题、解决问题的能力，淡化以记忆性内容为主的考试。

(4)考试命题应依据课程标准，杜绝设置偏题、怪题的现象。

(5)考试方式要有利于对教育质量进行全面评价。学习评价一般通过形成性评价(侧重于教学过程)和终结性评价(侧重于教学结果)两种途径进行。评价方法和手段，应坚持和倡导统一性和多样性相结合，鼓励学生个性和特长的发挥，鼓励学生开展探究性学习活动。通过评价，努力创设有利于学生积极、主动、创造性学习的氛围。

**(二)教学评价技能实练**

1. 题目：请就你身边同学的发言，针对具体情况，模拟进行两种评语。

要求：①划定评分等级；

②指出存在的优点或不足，并简要予以说明；

③提出建议或希望。

2. 依据目前考试改革重点，当前学科教学成绩评定应从哪几方面进行改革?

3. 试题编制技能训练

(1)客观试题编制技能训练

①指出下列试题编制存在的问题，并改正。

A. 我国华侨在国外颁布很广的地区是(　　)。

a. 东西区　b. 西区　c. 南亚　d. 美国

B. 北京是我国的首都和第一大城市。

C. 写出中国三大美丽城市的名字。

②选择所教学学科的内容，分别编制多项选择题、判断题、填空题和简答题。

**客观试题编制的评价量表**

| 评价指标 | 权重 | 评价等级 | | | 得分 |
|---|---|---|---|---|---|
| | | 优 | 良 | 差 | |
| 提问中心明确，内容有意义、有价值 | 2.5 | | | | |
| 问题措辞简单清晰，不遗漏必要条件 | 1.5 | | | | |
| 强调理解和应用，不照抄教材 | 2.0 | | | | |
| 不提供暗示线索及有关的特殊词 | 1.5 | | | | |
| 选项和题干关系一致，性质相近 | 1.0 | | | | |
| 诱答要有迷惑性，但不能错得太明显 | 1.5 | | | | |
| 总　计 | 10.0 | | | | |

(2) 主观试题编制技能训练

①指出下列试题编制存在的问题，并改正。

A. 选择一篇记叙文和一篇议论文，比较它们写作上的不同。

B. 试述法国资产阶级革命。

②选择所教学科中的有关内容编制一道论述题。

**主观试题编制的评价量表**

| 评价指标 | 权重 | 评价等级 | | | 得分 |
|---|---|---|---|---|---|
| | | 优 | 良 | 差 | |
| 提问明确，具有启发性 | 3.5 | | | | |
| 作答要求清楚、具体 | 2.0 | | | | |
| 用答案篇幅较短的问题，或用若干小题目代替一个大问题 | 2.5 | | | | |
| 评分规则、标准、可接受，答案拟定合适 | 2.0 | | | | |
| 总　计 | 10.0 | | | | |

# 第十一章　说课技能

## 一、真实案例导入

### 在“说”中共同成长

×××中心小学　马建新

5月12日，举行了全校老师说课比赛。下午一点半钟说课比赛准时开始。我们聆听着老师们的说课，看着他们工整的板书，欣赏着他们智慧的结晶……让人不由自主地感受到浓浓的研究气氛，让人情不自禁地投入到这与众不同的学习之中。每一位老师的说课都很精彩，都有很多的亮点值得我学习。每位老师说完课，郭主任都进行了总结，总结了每一位老师的突出优点：马建新老师注意从小培养学生搜集信息的能力，在识字中复习拼音……同时也提出了希望。我们每一位参与说课与评价的老师也用一两句话对自己印象较深的说课中的亮点进行了概括。最后，绳老师进行总结发言，给大家提出了更高的要求，还用具体实例生动地告诉大家如何把理论与实践有效结合。

真实故事一的启示：说课，可以体现教师自身的理论素养和实践水平，也能提升同行之间的合作意识，符合了新课程改革提倡的转变评价方式的要求，并能促进教师积极参与教学研究。新课程改革作为整个基础教育改革的核心、全面实施素质教育的关键，被紧迫地提出来。随着新课程改革的启动和推进，新的教育教学理念、新的课堂教学模式给教师带来了巨大的挑战和更多的期待。如何接纳现代教育思想理念？如何适应现代教育技术发展的需要？如何在实践中提高素质，把握教材上好课？如何改变只“教”不“研”的状态？如何参与到新课改的活动中？采用什么样的途径来扬弃现存的教学模式和方法？“说课”活动应运而生，适应了这种教育发展的需要。“说课”活动在提高教师素质，促使教师适应当代社会发展的需要，提高课堂教学的质量中，发挥了积极的作用。同时，说课也要在创新和服务于课改上下功夫、求发展，紧密围绕学生创新精神和实践能力培养以及终身发展的需要，开展富有个性化的说课，才能使说课在推动新课程改革、实施素质教育中发挥更大作用。

## 二、说课技能理论指导

说课是当今促进教师业务技能进步的有效途径。说课的目的是转变教师的教学观念，优化教育教学方法，提高他们的教育教学水平，推动课堂教学有效性的提高。

### (一)说课的功能与原则

1. 说课的功能

⑴提高业务素质。说课时，教师不但要说清“教”什么，还要说明为什么这样教，即新课程理念、标准有什么要求，有关的教育理论是怎样阐述的。说课活动要求授课教师从理论与实践相结合的高度，讲述自己对具体课题的钻研和设计。这便促使教师本人系统地钻研有关教材和全方位地学习教育科学理论；把这些理论用于具体课题的设计，反复思考、琢磨自己的设计是否合理、可行；还必须用精练恰当的语言把这些想法表述给他人。所以，在一定意义上，说课是一种在真实状态下真刀实枪地提高和锻炼的有效形式，它对教师产生的促进作用是独特的。

⑵更新教育理念。说课具有很强的说理性，它的一个重要特质就是说理论根据，更新教师的教育理念，变盲目的实践为理性自觉的实践。说课要求教者说教材、说教法、说学法、说课堂教学程序。这些内容要说出特色、创出新意，必然会督促教师本人钻研教育教学理论，更新教育理念，正确运用理论指导教学实践。只有这样，才能形成学理论、用理论、理论与实践相结合的良好风气，实现教师在教学上的自我提高、自我发展和自我完善，并具有先进的教育理念和较高的教学理论水平。

⑶强化备课意识。说课使教学目的的确立、教学环节的安排、教法和

学法的运用都有了理论依据，使整个教学过程变得更为主动，更切合教学实际，收到更好的教学效果。在备说课教案时，教师主要是体现备课的思维过程，重点不仅仅是要解决教什么、如何教，更重要的是解决为什么这样做，有什么理论依据，达到什么样的教学目的，教学中重点、难点如何突破，对学生能力如何培养等。这种备课打破了以往只备内容的做法，而对整节课进行“四备”：一备教学内容；二备学生；三备教学方法；四备教学手段。这样一来，就能大大提高备课效果，促进课堂教学质量的提高。

(4)促进教研结合。说课的内容是理论与实践的高度融合。说课者要努力寻求现代教育理论的指导，评课者也要努力寻求说课教师的特色与成功经验的理论依据。它既介绍了一堂课的教学行为，又涉及与之相应的教育教学理论；能使听课人既了解一堂课师生活动的全貌，又能体会每一个教学环节的理论依据。说课活动把“说”与“评”紧紧结合起来，且说课人往往是边叙述、边解释、边操作、边评论，让说课教师把静态的个人备课转化为一定范围内动态的集体讨论，从而有利于营造一种平等和谐的氛围，形成一种教学研讨的气氛，促进教学与研究结合、理论与实践结合，并使教师从传授型向研究型、学者型、专家型转变。

(5)提高群体能力。说课活动不但是说课教师个人的独立表演，还是听说者共同参与、内容具体的、贴近教学实际的教研活动。“说”发挥了说课者的作用，评议又使教师群体智慧得以发挥。说课者要努力寻求先进的教育教学理论指导，把自己的才智展示在大家面前。评议者要努力寻求说课教师的特色与经验的理论依据，自觉地进行换位思考。说评双方围绕着同一课题，各抒己见，交流互动，相互启发，各有所得，优势互补。说课有效地促进了教师的专业发展，促使一大批年轻教师在课改实验中迅速成长起来。教师的教学研究意识明显增强，主动参与教学研究的教师明显增多，反思实践型的新型教师开始出现。很多学校的教师每节课后都自觉写“教学回顾”，对上过的课进行反思和总结。水滴石穿，功到自然成。这样日积月累，教师群体能力大有长进。

(6)增强教学管理。教师在说课活动中，对教学的诸多因素及其理论依据，用表象的形式进行演习，其表象结构的变化使其具有独到的功效，促进教师专业化成长，十分有利于同行专家之间的交流，为教学管理提供了新的手段。它是考评教师专业知识、分析教材能力、设计教学能力、教学技能和教育理论素养的有效手段。由于说课不受教学进度、学生、场地、教学媒体等条件的限制，简便易行，节省时间，经济实用，能为教学业务竞赛和考评教师提供依据，因而各地选聘教师、评定教师职称时往往优选说课。说课有利于进行常规教学工作的检查，提高教学管理效果。

2. 说课的原则

(1) 科学性原则——说课活动的前提

科学性原则是教学应遵循的基本原则，也是说课应遵循的基本原则，它是保证说课质量的前提和基础。它包括以下要求：教材分析正确、透彻；学情分析客观、准确、符合实际；教学目的的确定符合大纲要求、教材内容和学生实际；教法设计紧扣教学目的、符合课型特点和学科特点、有利于发展学生智能，可行性强。

(2) 理论联系实际原则——说课活动的灵魂

这条原则包括以下要求：说课要有理论指导；教法设计应上升到理论高度；理论与实际要有机统一。

(3) 实效性原则——说课的根本

“实效性”是说课活动的核心，包括目的明确、针对性强、准备充分、评说准确。

(4) 创新性原则——说课活动的生命线

在说课活动中，说课人一方面要立足自己的教学特长、教学风格。另一方面，更要借助同行、专家参评，众人共同研究的良好机会，树立创新的意识和勇气，大胆假设，认真求证，探索出新的教学思路和方法，从而不断提高自己的业务水平，不断提高教学质量。只有在说课中不断发现新问题、解决新问题，才能使说课活动永远“新鲜”，永远充满生机和活力。

## 三、说课技能应用方法与要求

### (一) 应用方法

1. 做好说课前的准备

(1) 知识准备

①要熟悉、重视课程标准。说课中，必须重视“说”的课程标准。一要说本课的教学内容和教学目标。二要说本节课应该贯彻课程标准中哪些教学建议和教学理念。

②钻研教材。说课质量的高低，在很大程度上取决于对教材分析的深度和广度。熟悉所说教材的编写意图和教学目标，了解知识的承接性和延续性，对知识系统的内在联系做到心中有数。

③涉猎边缘学科的知识。扩展知识视野，使之具备多学科、多层次的知识结构，这样才可以在本学科这个天地里游刃有余，使说课具有深度和广度。

(2)理论准备

教师在说课前，要针对教学的实际需要，有计划、有步骤地学习教育学、心理学、学科教学法等有关先进的科学的理论。明确教育规律，掌握所教年级学生的生理、心理特点，掌握说课所要遵循的教学原则。充实、完善、提高说课的科学性、实用性与可行性，增加其深广度和可信度。

(3)技术准备

明确说课的内容和要求，准备好说课所需的教学设备。

2.“说”的技巧

(1)说课要追求创新

说课一定要注意发挥自己的特长，说出自己的特色。说课切忌照搬他人，人云亦云。要说好课，就要精心构思。要找准切入点，抓重点，抓关键，讲究创新，体现自己的个性特点，有自己的独到之处。

(2)说课要讲究节奏的适度

说课前，应根据说课规定的时间(一般20分钟左右)，对各部分内容所需的时间，大致作一个估算，以便心中有底。在具体的说课过程中，应尽量做到按计划时间说课。说课必须详略得当、繁简适宜，准确把握“说”的节奏适度。要尽量做到整个说课过程节奏统一、和谐、不慌乱也不紧张，在规定的时间内节奏适度地说完全部内容。

(3)说课要体现“美”

说课要与讲课一样处处体现美，力求内容美、语言美、情感美、教态美，给人以美的享受。内容美——教师要善于从教材里感受美、揭示美、提炼美、升华美；语言美——教师的语言美是决定说课成败的关键；情感美——情感是教学艺术魅力形成的关键因素，不投入强烈的情感，以情感来感染听者，就不可能把课说成功；板书美——板书是教师在备课中构思的艺术结晶，它有独特的魅力，给学生以美的熏陶；教态美——教态是沟通师生情感的桥梁，教态美可以激发学生对美的追求。总之，说课艺术是说课者教学素养的体现，是建立在说课者个人素质修养基础之上的。

⑷说课要整体流畅、层次分明

一节课的教学设计内容很多，说课中应突出重点，抓住关键，防止面面俱到。说课应体现“特殊性”，即充分体现班级、学生的特点。在说课中，要体现全面和重点相结合，分层推进，包括设计难易程度不同的练习，设计分层解决重点、突破难点的过程。

⑸说课要灵活

说课其实与课堂教学一样，也是一个动态系统。我们切不可抱着预先准备的说课稿不放，一定要注意发挥自己的特长，在不违反说课原则的前提下，随时都要根据说课的不同情况和不同需要，调整、补充和修改说课的思路和内容。

⑹用语的技巧

①言语技巧。课堂教学的导语、课堂教学小结等多使用教学语言，使听说课的人有一种身临其境的感觉，增强课堂教学的感受效果。

②解说技巧。解说是说课的重要特征，包括解释和说明。解释就是对说课中的事件、特征、结论、概念、观点等做出理论说明，包括横向解释和纵向解释。纵向解释则是通过对某一历史事件的纵向比较、分析、概括、综合加以说明的方法。说明就是说清楚说课内容“是什么”和“怎么样”。前者侧重于静态表述，常常运用概述法，如说教材，教师应说清楚教材的知识结构、教学重点、难点等。后者侧重于动态描述，常常以夹叙夹议的方法论述，如说教法、说教程等。

③议论技巧。实践表明，说课中的理论含量越大，理论水平越高，说课的价值就越大。因此，需要不断提高教师理论阐发、议事论事的能力。主要表现为证明、阐明和辨明三个方面。证明即对自己提出的观点能拿出准确的

事实或事例加以佐证；阐明则是对自己运用的原理或原则，能从其内在因素和结构关系的阐发中揭示其本质；辨明即通过比较、对比以区分事理。在说课过程中可以根据具体情况和实际内容选择运用，且注意运用中的多样性，以避免议论的单一化，降低议论的说服力。

④心理调节的技巧

(1)情感是说好课的动力

①说课要有激情。积极的激情与冷静的理智、坚强的意志相联系，能激励说课人克服困难，攻克难关，成为说课活动的巨大动力。所以，说课人必须要有激情。当然，激情的背后一定要有对教育事业的追求和热爱。

②说课要有热情。要想较好地完成这项工作，要求说课人以积极的情感参加说课活动。以饱满的激情、稳定的心境、满腔的热情投入说课活动中去，说课活动必会结出丰硕的果实。

③说课要有良好的心境。说课要求说课人具有稳定的情绪，不急不躁，在说课中树立坚定的信心，相信自己一定能说好这堂课。否则，无论准备得多么充分，都有可能发挥失常。

(2)意志是说好课的保障

意志在说课活动中的作用主要表现为两个方面：

①坚持力。说课人坚信说课活动会给教学质量的提高带来新的活力，就会推动说课人去寻找设备，查询资料，向他人请教，使自己的说课活动获得圆满的成功。

②应变力。说课是新鲜事物，我们是在"摸着石头过河"，会有许多新的问题出现，会遇到许多新的障碍。这就要求我们凭借自身的应变能力，及时解决问题、克服障碍。

**(二)说课的基本要求**

(1)介绍本课内容在本学科教学中所处的地位及作用。教师必须钻研教学大纲，领会教材编写意图，分析教材逻辑系统，把握教材知识结构，并侧重分析本节课内容在教材知识体系中的地位和作用，准确把握这些知识的关键点。

(2)说明教学目标的确立和实现教学目标的基本思路。确立教学目标包括：确立知识目标；确立能力目标，一般由观察、思维、记忆、想象能力构成，其中思维能力是核心；确立情感目标。说课的教师不仅要说清教学目标，还要说出实现教学目标的基本思路，即你是如何用巧妙的方法突破重点内容、解决难点，如何培养学生的学习态度与习惯，形成正确的人生观和价值观。

(3) 说清本课内容的重点、难点和要求。教师在说课时，必须有重点地说明突出教学重点，突破教学难点的基本策略。

(4) 教学过程的调节与优化。教师在说课时，首先要说明教学过程运行中怎样处理好教师、学生、教材的关系，在哪些关键性问题和环节上体现以教师为主导、以学生为主体，做到教师的主导与学生的主体的最佳结合，知识结构的内在规律和学生认识规律的最佳结合，掌握知识和发展思维能力的最佳结合。同时，做到最佳状态的情感交流和情感调控等。其次，教师要说明怎样组织好教学过程，要求逻辑严密、结构合理、流畅自然、环环紧扣，实现说课过程的全程优化。

(5) 说明教学方法的选择和教学手段的使用。教师在说课时，要说明选择运用教学方法的根据、作用、步骤、效果等，阐明其价值性。同时，从教学内容、教学环节、学生特点出发，选择适当的教学手段。

(6) 说课与课堂教学相统一的要求。凡是课堂教学需要遵循的原则，说课也必须遵循。

(7) 说明教学效果的预测。教师在说课时，要对学生的认知、智力开发、能力发展、思想品德的养成、身心发展等方面作为具体的、可能的预测。

## 四、说课技能案例示范

**【案例1】**

### 《为中华之崛起而读书》说课稿

一、说教材(略)

二、说教学目标及重难点

根据以上分析，我确定了这篇课文的教学目标：

1. 语料板块：认识九个生字“崛、模、纷、要、振、投、钦、佩、恩”，会写六个生字“待、举、顾、若、郑、其”；会读写词语“期待、举手、环顾四周、若有所思、郑重、其他”；正确使用冒号、双引号、句号、感叹号、问号；正确朗读课文。

2. 语境感受板块：分角色朗读课文。

3. 语言运用板块：用冒号、双引号、问号或感叹号说一句话。

**教学重点**

1. 认识九个生字“崛、模、纷、要、振、投、钦、佩、恩”，会写六个生字“待、举、顾、若、郑、其”；会读写词语“期待、举手、环顾四周、若有所思、郑重、其他”。

2. 分角色朗读课文。

**教学难点**

语言运用板块：用冒号、双引号、问号或感叹号说一句话。

三、说教法和学法(略)

四、说教学过程(因篇幅原因呈现教学流程)

(一)学生比赛识字读句子，引出课题。

(设计意图)

(二)初读课文，合作学习本文中不认识的字词。

(设计意图)

(三)朗读指导，读懂课文。

(设计意图)

(四)情境朗读，增强语感。

(设计意图)

(五)说话写话练习。

(设计意图)

(六)指导“待、举、顾、若、郑、其”的书写，展示学生的书写情况。

(设计意图)

这个说课案例所体现的教育理念是符合课标要求的。从教学目标设置来看，教师体现了语文课程实践综合性的性质，注重语言材料的积累，注重语文知识、技能、方法的教学，注重言语技能的训练。简而言之，就是把语言文字运用当做语文课的主要内容。说课的内容明晰，对教材、教学目标、教学方法、教学过程都进行了有详有略的说明，把教师的上课思路、方法、内容、重难点都清晰地我们面前。

## 五、说课技能实战演练

1. 训练目标

通过训练，使教师了解说课的原则、内容、方法及基本要求，掌握说案的撰写技能，增强教师的教学基本功，发展和提高教学科研能力。具体目标如下：

⑴说教材

①分析教材的能力：对教材所处的地位、作用及前后联系的理解、分析。

②确定教学目标、教学重点及教学难点的能力：确定依据要明确、具体、全面。

⑵说教法

①选择教法的能力：教法要适合该学科的教学要求、特点，灵活、新颖、实用，具有指导性和可操作性。

②教材处理的能力：教学中能抓住重点、难点展开，能抓住主要矛盾。

③运用现代教育技术的能力：能选用恰当的教学手段辅助教学，运用得当、有序，达到更直观、更形象的效果。

⑶说学法

①分析学情的能力：学生状况分析得正确，采取的对策恰当。所选择的学法符合学生的年龄特点，能调动学生的学习积极性。

②进行学法指导的能力：能根据学生的实际情况，对不同层次的学生进行不同的指导，明确培养学生的某种能力和学习习惯。

⑷说教学程序

①组织教学的能力：教学程序的设计符合科学，能达到教学目的，教学结构合理，重点突出，难点有所突破。授课内容要科学、正确，并且注重思想教育。

②语言表达能力：语言洗练、流畅；导入自然、新颖，讲解透彻，归纳简要、明确。

③板书板演能力：演示正确、科学；板书设计合理、层次清楚、重点突出，字迹工整、美观。

2. 训练内容

⑴说教材

①分析教材。说明教材的科目、册数，所在单元或章节，教学内容及包含的知识点，理清教材所处的地位、作用和前后的联系，了解教学大纲对这部分内容的要求。通过训练，学会分析教材的方法，能围绕教学目标组织和处理教材。

②确定教学目标。了解教学目标的类别(知识目标、智能目标、德育目标)，掌握制定教学目标的方法和要求。

③确定教学重点、难点。能遵循课标、教学内容和教学目的确定教学重点，能依据各学科特点和学生的认识水平确定教学的难点。

⑵说教法

①能正确运用教材，具体清晰地说明教法的总体构造及依据。

②能说清采用了哪些教学方法、教学手段及理由。

③根据教材特点和学生的实际选用几种不同教法结合使用，增强教学效果。

④能根据教学内容及实际选择适当的教具、学具。

⑶说学法

①了解学生的特点，掌握分析学生学习的方法，如学生知识能力水平，学习本节课可能出现的困难及解决的对策；分析学生的心理、生理特点及根据其特点所采取的教学对策。

②说明学法指导的重点及依据、学法指导的具体安排及实施途径。

③能选择正确的学习方法培养学生的能力，所选用的方法能激发学生学习兴趣、调动学生的学习积极性。

⑷说教学过程

①教学全程的总体结构设计要相对完整，即导入新课——过程——结束

的内容安排能体现课堂结构的完整性。

②说清楚教学展开的逻辑顺序、涉及的主要环节、知识版块之间的过渡衔接等。

③不同教学时段教与学、讲与练要协调一致。

④能把握好课堂教学节奏。

3. 训练方式

⑴理论学习。理论是行动的先导。为了使说课达到良好的效果，教师要进行相关的理论学习，学习内容包括教育教学理论、新课标理论及系统论和方法论。也包括同行的先进经验，帮助教师明确说课的意义、作用及方法，为训练提供原理或理论依据，为实际操作奠定理论基础。同时，教师还要明确训练的总体目标，将训练目标分解成若干具体任务并使之序列化，并对各项具体训练任务赋予明确的要求。

⑵示范与观摩。在实际训练前，应对教师进行有目的、有规律的技能示范与观摩。实践证明，教师在实际训练前，广泛地观摩示范学习，对他们的说课效果有着潜移默化的影响。

⑶模拟练习与矫正提高。教师如何把所学的理论转化为实践能力，训练是最好的体现。有的教师有丰富的理论知识，说起来头头是道，可到了实际运用时却不知所云，究其原因就在于缺乏具体可行的训练。教材内容丰富，教学过程复杂，涉及的范围广且灵活多变，学生的情况更是复杂多样。尽管说课有些固定的模式，但并不是那么机械化，内容更为复杂灵活，训练的难度是非常大的，不是一朝一夕就能完成的。为确保训练质量，我们必须给教师提供一个训练的平台，充分发挥教研组或学科组的作用，定期开展说课活动，可指定内容或不指定内容，规定时间进行说课训练。一人执教，他人充当学生。结束教学过程后，“学生”又变成“同行”。有条件的学校还可以将教师说课过程录下来，重放录像时，观看者互相说说评评，明晰、及时、准确地提出反馈意见。说课者以“第三者”的身份观察自己的行为，再与自己的预期设计相对照，这样就能使说课者对自己的操作有充分和客观的了解，从中找出不足，然后有针对性地进行修改，再做第二次训练，在包含反馈和调节的反复练习中不断提高和完善。这种自我反馈式

的学习和掌握，为其行为调节提供了确切而具体的依据，可帮助他们随时对自己的行为予以客观评价与自我矫正，以便更有效地提高说课的技巧。

(4)反馈强化技能。说课必评“说”。再成功的说课也难免有疏漏失误之处，有不尽人意的地方。对它们进行回顾、梳理，并对其作深刻的反思、探究和剖析，使之成为日后之借鉴。评“说”活动开展得好，能促使教师更深入地钻研教材，学习教育理论，从更高的理论高度去研究说课。因此，教师可以根据说课行为进行评议、反思，从教师、教材和学生的实际出发，准确、客观地去评价，肯定成绩，指出不足，针对说课中出现的问题。诸如教材分析不到位，教学重点不突出，教学难点解释不透彻，导入内容与教学目标脱节，教学情境的创设与授课内容脱节，教学方法没有考虑学生的认知水平、课型与教学目标和教学任务不符等。透过现象分析造成这些现象的本质原因，提出切实可行的改进意见，使说课者真正受益。说课者自己更应对自己的说课行为静心沉思：文本解读有哪些独到之处；教法上有哪些创新；知识点上有什么发现；指导学法有何新招；重点难点的讲解有无突破；启迪是否得当；训练是否到位；板书是否精当合理等。及时记下这些得失，并进行必要的归类与取舍，细致考虑如果再说这部分内容时应该如何做，制定出新的说课稿。通过这种方式，发扬优点，积累经验；查找不足，积累“病因”、“病例”。同时，对症下药地寻找“疗法”，反复强化训练，就能把自己的教学水平提高到一个新的境界和高度。

4. 说课稿的撰写

写一篇说课稿，一般应从说教材、说教法、说学法、说教学过程等几个方面来阐述，一般按照这样的步骤与格式。

一、说教材

1. 本课的地位与作用。

我说课的课题是：______版__________教材第______册，第____单元，第____课《______________》。

①本课在整套(或单元)中的地位与作用

②学习本课的作用

③确立的课标依据

2. 教学目标

①知识与能力目标及确定依据

②情感与价值目标及确定依据

③过程与方法目标及确定依据

3. 教学重点与难点

①教学重点

②教学难点

③确立依据

二、说教法

1. 采用的方法：

2. 确立依据及所要达到的目的：

三、说学法

1. 学生状况分析及对策

2. 确立的依据

四、说教学手段

1. 采取的方式及作用

2. 确立的依据

五、说教学过程

1. 导入新课方式及依据

2. 传授新知设想及依据

3. 教学重点、难点突出的方式及依据

4. 复习巩固的方式及依据

5. 板书设计内容安排及依据

六、说教学效果

1. 教学所要达到的要求

2. 阐明依据

七、说教学反思

1. 教学中可取之处及理由

2. 教学中不足之处及原因

# 第十二章　微课技能

## 一、真实案例导入

### 小课堂大智慧

如果班上有位同学丢了手机，作为班主任的你，该如何处理？

马上报警，让警察来破案，抓住“小偷”？对班上学生挨个排查，直到查出真相，逮住“真凶”？给家长打电话，借助家长的“淫威”让拿了手机的同学主动“自首”？或者，你有更好的方式……结局是：皆大欢喜。在你为自己的成就而沾沾自喜时，有人却为同样的问题苦恼着。

如果在教学实际中遇到一些问题，例如，尽管努力在转变师生的角色，以学生为主体，但指导学生学习方面相对少点，有时流于形式；三维目标解读不到位，个别地方认识模糊；在教学过程中，某些环节设计不够完善，个别地方引领不当。有时放不开手，给学生独立思考、研讨探究的空间少，不利于他们真正认知和创新能力的培养；拓展延伸不理想，有牵强之感，导语缺乏语言魅力，铺垫不够……作为教师的你，该如何处理？

个别指导学生，充实教学内容？深入分析三维目标，厘清每一个问题？精心设计，完善各个环节，做到精益求精？放手让学生自由思考，开展小组讨论？鼓励学生动手实验，进行探究？锤炼语言，做好铺垫，提高教学效果？……或者，你有更好的方式，结局皆大欢喜。在你沾沾自喜的同时，有人却为同样的问题苦恼着。

现在，你可以在一个名为“微学习”的网站上，上传一个叫做《侦查记》的 PPT 文件和一个叫做《我的教学小尝试》的 PPT 文件。这样的问题如何处理？为什么这样处理？意义何在？你的做法、经验和教训，只需轻点鼠标，便可一目了然。这就是教育生活中的微课程。

微课程是一种教学视频文件，主要针对教师专业发展，内容直接指向具体问题，关注“小现象、小故事、小策略”，主题突出，一课一事，层层剖析。它由文字、音乐、画面三部分组成，一般没有解说的声音。在优美的轻音乐中，受众可以静静地阅读文字，欣赏画面，进而引发思考。一集微课程长度在5分钟左右，所谓“5分钟完成一次学习，300秒经历一次思考”，可让受众最大限度地利用零散时间学习。

## 二、微课技能理论指导

### （一）微课概述

1. 微课的内涵

对于“微课程”内涵是什么，不同的人有不同的看法，也各有各的道理。

为了便于读者理解，笔者对“微课程”也下了一个定义：所谓“微课程”，是指以视频为主要载体，记录教师在课堂内外教育教学过程中围绕某个知识点（重点、难点、疑点）或教学环节而开展的10分钟左右教与学活动的过程。

“微课”的核心组成内容是课堂教学视频（课例片段），同时还包含与该教学主题相关的教学设计、素材课件、教学反思、练习测试及学生反馈、教师点评等辅助性教学资源，它们以一定的组织关系和呈现方式共同“营造”了一个半结构化、主题式的资源单元应用“小环境”。因此，“微课”既有别于传统单一资源类型的教学课例、教学课件、教学设计、教学反思等教学资源，又是在其基础上继承和发展起来的一种新型教学资源。

“课”和“微课”的含义有什么不一样呢？

在学校课堂教学中，“课”是指受时空限制的有组织的教学过程。师生所说的“上课”、“一堂课”是指目前学校教育普遍实施的班级集体教学的组织方式与基本单位。学校的主要工作和教学活动是以上课作为主体的，上课是学校日常教学工作的核心。

观察和分析一节课的组成，包括了教师、学生、教学目的、教材、各类数字化媒体、教学活动组织、教学方法、教学评价与反馈、学习环境等多种要素，形成了一个复杂的系统。系统中的各个要素相互关联与互动，构成了教学系统的生命活动。

与“课”的概念相对应的“微课”(或曰微课程)，是最近从“翻转课堂”中涌现出来的新概念。有人把一小段一小段讲授知识点的“小”课程，供学生自主学习的教师授课的“微视频”称为“微课程”。后来大家发现，仅仅是一段“微视频”，如果教师组织课堂教学的方式没有改变，这样的“微视频”还停留在上个世纪的“积件”的思路上，即将课堂录制的课堂实录视频切片，做成一个个教学片段，目的是用作配合教师上课的教学资源，或者用于教师专业发展与教学反思的“微格教学”。但是，在新型的“翻转课堂”教学流程中，供学生自主学习的教师授课的“微视频”，成了学生自主学习不可或缺的重要组成部分。因此，我们给“微课”(或者称为“微课程”)下的定义中特别强调：“微课程”是指时间在10分钟左右，有明确的教学目标，内容短小，集中说明一个问题的小课程。

2. 微课的特点

微课是一种以十分钟左右甚至更短时长为单位的微型课程，以视频为主要载体，具有时间短、内容精、模块化、情景化、半结构化等特点，特别适宜于智能手机、平板电脑等移动设备相结合。

利用移动设备刷微博、看新闻、看视频已成为大众特别是年轻人日常生活不可或缺的一部分。微课就是让人们能通过这些终端设备，在校园里、在家里、在地铁上、高速公路上，甚至在动车上都能进行学习。其内容的碎片化和时间的短暂化正好满足了大众利用各种零碎时间进行学习的需求，实现了“人人皆学、处处皆学、时时皆学”的学习愿景。

微课程使用方便，除了网上学习，还可利用手机、微博等方式学习，也可以用于学校例会、研讨会观看或讨论。微课程每一集内容相对独立，可独立使用，也可嵌入学校任何课题，还可以独立成系统，综合使用。

微课程起点很低，以PPT(幻灯片)技术为基础，后期转为视频文件，人人可做，简单易学。

微课程是一种供教师学习的“课程”，是一个借以成长的工具，更是一种教师自发的“草根”的教研方式。这是因为，微课程的提供者正是一线教师自己。在这里，没有多少高深的理论，不用依靠“专家”，每个学习的主人都可以通过简单的培训而转变为微课程的开发者，让自己的作品为同行提供借鉴和启发。在这里，每个人既是学习者，也是开发者、创造者，“研伴”之间组成一个学习共同体。从这个意义上讲，微课程是一种新兴的、受广大教师热捧的、处于探索之中的教师成长新范式。

微课的主要特点可以归纳为：

⑴教学时间较短。教学视频是微课的核心组成内容。根据中小学生的认知特点和学习规律，“微课”的时长一般为5至8分钟，最长不宜超过10分钟。因此，相对于传统的40或45分钟的一节课的教学课例来说，“微课”可以称为“课例片段”或“微课例”。

⑵教学内容较少。相对于较宽泛的传统课堂，“微课”的问题聚集，主题突出，更适合教师的需要。“微课”主要是为了突出课堂教学中某个学科知识点(如教学中重点、难点、疑点内容)的教学，或是反映课堂中某个教学环节、教学主题的教与学活动。相对于传统一节课要完成的复杂众多的教学内容，“微课”的内容更加精简，因而又可以称为“微课堂”。

⑶资源容量较小。从大小上来说，“微课”视频及配套辅助资源的总容量一般在几十兆左右，视频格式须是支持网络在线播放的流媒体格式(如rm、wmv、flv等)。师生可流畅地在线观摩课例，查看教案、课件等辅助资源；也可灵活方便地将其下载保存到终端设备(如笔记本电脑、手机、MP4等)上，实现移动学习、“泛在学习”，非常适合教师的观摩、评课、反思和研究。

(4)资源使用方便。“微课”选取的教学内容一般要求主题突出、指向明确、相对完整。它以教学视频片段为主线“统整”教学设计(包括教案或学案)、课堂教学时使用到的多媒体素材和课件、教师课后的教学反思、学生的反馈意见及学科专家的文字点评等相关教学资源，构成了一个主题鲜明、类型多样、结构紧凑的“主题单元资源包”，营造了一个真实的“微教学资源环境”。这使得“微课”资源具有视频教学案例的特征。广大教师和学生在这种真实的、具体的、典型案例化的教与学情景中，可易于实现“隐性知识”、“默会知识”等高阶思维能力的学习并实现教学观念、技能、风格的模仿、迁移和提升，从而迅速提升教师的课堂教学水平、促进教师的专业成长，提高学生的学业水平。

(二)微课的分类

根据不同的标准，我们可以对微课做一些分类。

1. 按课堂教学方法分类

根据李秉德教授对我国中小学教学活动中常用的教学方法的分类总结，同时“结合”一线教师对微课分类的理解和实践开发的可操作性，笔者初步将微课划分为11类。详见下表。

**表1　微课的分类及适用范围**

| 分类依据 | 常用教学方法 | 微课类型 | 适用范围 |
|---|---|---|---|
| 以语言传递信息为主的方法 | 讲授法 | 讲授类 | 适用于教师运用口头语言向学生传授知识(如描绘情境、叙述事实、解释概念、论证原理和阐明规律)。这是中小学最常见、最主要的一种微课类型。 |
| | 谈话法(问答法) | 问答类 | 适用于教师按一定的教学要求向学生提出问题，要求学生回答，并通过问答的形式来引导学生获取或巩固检查知识。 |
| | 启发法 | 启发类 | 适用于教师在教学过程中根据教学任务和学习的客观规律，从学生的实际出发，采用多种方式，以启发学生的思维为核心，调动学生的学习主动性和积极性，促使他们生动活泼地学习。 |
| | 讨论法 | 讨论类 | 适用于在教师指导下，由全班或小组围绕某一种中心问题通过发表各自意见和看法，共同研讨，相互启发，集思广益地进行学习。 |
| 以直接感知为主的方法 | 演示法 | 演示类 | 适用于教师在课堂教学时，把实物或直观教具展示给学生看，或者作示范性的实验，或通过现代教学手段，通过实际观察获得感性知识，以说明和印证所授知识。 |
| 以实际训练为主的方法 | 练习法 | 练习类 | 适用于学生在教师的指导下，依靠自觉的控制和校正，反复地完成一定动作或活动方式，借以形成技能、技巧或行为习惯。尤其适合工具性学科(如语文、外语、数学等)和技能性学科(如体育、音乐、美术等)。 |

续表

| 分类依据 | 常用教学方法 | 微课类型 | 适用范围 |
|---|---|---|---|
| 以实际训练为主的方法 | 实验法 | 实验类 | 适用于学生在教师的指导下，使用一定的设备和材料，通过控制条件的操作过程，引起实验对象的某些变化，从观察这些现象的变化中获取新知识或验证知识。在物理、化学、生物、地理和自然常识等学科的教学中，实验类微课较为常见。 |
| 以欣赏活动为主的教学方法 | 表演法 | 表演类 | 适用于在教师的引导下，组织学生对教学内容进行戏剧化的模仿表演和再现，以达到学习交流和娱乐的目的，促进审美感受和提高学习兴趣。一般分为教师的示范表演和学生的自我表演两种。 |
| 以引导探究为主的方法 | 自主学习法 | 自主学习类 | 适用于以学生作为学习的主体，通过学生独立的分析、探索、实践、质疑、创造等方法来实现学习目标。 |
| | 合作学习法 | 合作学习类 | 合作学习（Collaborative Learning）是一种通过小组或团队的形式组织学生进行学习的一种策略。 |
| | 探究学习法 | 探究学习类 | 适用于学生在主动参与的前提下，根据自己的猜想或假设，运用科学的方法对问题进行研究，在研究过程中获得创新实践能力、获得思维发展，自主构建知识体系的一种学习方式。 |

值得注意的是，一节微课作品一般只对应于某一种微课类型，但也可以同时属于两种或两种以上的微课类型的组合(如提问讲授类、合作探究类等)，其分类不是唯一的，应该保留一定的开放性。同时，由于现代教育教学理论的不断发展，教学方法和手段的不断创新，微课类型也不是一成不变的，需要教师在教学实践中不断发展、丰富和完善。

2. 按课堂教学主要环节(进程)分类

微课类型可分为课前复习类、新课导入类、知识理解类、练习巩固类、小结拓展类。其他与教育教学相关的微课类型还有说课类、班会课类、实践课类、活动类等。

3. 按教学内容性质分类

①“传道型”微课：对应于新课程标准的“情感态度价值观”的课程目标。

②“授业型”微课：对应于新课程标准“知识与技能”的课程目标。

③“解惑型”微课：对应于新课程标准“过程与方法”的课程目标。

4. 按最佳传递方式分类

①讲授型微课：以学科知识点及重点、难点、考点的讲授为主，授课形式多样，不局限于课堂讲授。

②解题型微课：针对某个典型例题、习题、试题的讲解分析与推理演算，重在解题思路的分析与过程，适合于理科类的学科知识传递。

③答疑型微课：针对学科教学中疑难性的、代表性的、普遍性的问题进行归纳、总结、分析或解答。

④实验型微课：针对理化生等学科的典型实验进行设计、操作与演示的视频，具有较强的交互性。

⑤活动型微课：反映学生针对某个具体的学习活动、任务等进行的思考、探究、讨论(辩论)的学习情景或过程。

5. 按“微视频”的主要录制方法分类

①摄制型微课：通过摄像机、智能手机、网络摄像头等外部设备，对教师及讲解内容、学习过程等真实情境摄制下来的教学视频。

②录屏型微课：通过录屏软件(如 Camtasia Studio6)，录制通过 PPT、Word、画图工具软件、手写板输入软件等形式呈现的教学内容与过程；同步录制教师在电脑屏幕上的演示内容或讲解操作过程，或者通过交互电子白板、一体机等数字媒体的录制功能，同步录制讲解声音或旁白。

③软件合成式微课：运用图像、动画或视频制作软件(如 Flash、PPT、绘声绘影、Movie Maker、GIFAnimator 等)，通过微课脚本设计、技术合成后输出的教学视频短片。

④混合式微课：应用上述提及的多种方式，制作、编辑、合成的教学视频。值得注意的是，这些获取的视频素材都要经过一定的后期编辑制作后才可发布。

6. 按使用对象和主要功能分类

①教师专业发展型微课：主要为教师服务，通过教师的观察、观摩和反思，能有效提升教师的专业发展水平，解决课堂教学改革中遇到的问题与困

惑，培养一批具备现代化教育技能的“超级教师”。

②学生自主学习型微课：这是微课建设的主流方向，也是微课最基本的功能。上述所列的所有微课类型都应该是适合学生自主学习的。

③社会大众学习型微课：教学内容不再局限于某个学科或课堂教学，而是涵盖社会、经济、生活、文化、科技等各个领域。通过各种方式向社会开放资源，实现学历教育与非学历教育的衔接与沟通，职前培养与职后培训的一体化，实现教育帮扶，构建职业学校公共服务体系，使大学更好地服务于社会。

**(三)微课的功用**

在网络web2.0时代，随着信息与通迅技术快速发展，与当前广泛应用的众多社会性工具软件(如博客、微博、Facebook、优酷、土豆等)一样，微课也将具有十分广阔的教育应用前景。

对教师而言，微课将革新传统的教学与教研方式，突破教师传统的听评课模式，教师的电子备课、课堂教学和课后反思的资源应用将更具有针对性和实效性，基于微课资源库的校本研修、区域网络教研将大有作为，并成为教师专业成长的重要途径之一。

对于学生而言，微课能更好地满足学生对不同学科知识点的个性化学习、按需选择学习，既可查缺补漏又能强化巩固知识，是传统课堂学习的一种重要补充和拓展资源。特别是随着手持移动数码产品和无线网络的普及，基于微课的移动学习、远程学习、在线学习、“泛在学习”将会越来越普及，微课必将成为一种新型的教学模式和学习方式。(《佛山日报》，2011年5月18日)

这些简短的微课可以促成一种自主学习模式，可以让学生们自己搜索课程来看，并自主学习。他们可以任意停止和重访一个视频，以确保达到对课程内容的理解。同时，这种形式也鼓励教学者在呈现教学内容时学会简洁。一节微课主要关注一个重要的点，提供自学重点、难点的机会。微课可以结合多种教学方法进行使用。由于微课解释了基本的概念问题，就可以解放课堂的一部分时间用于问题的解决和应用。在这种模式中，学生在课堂之外观看在线的课程，在课堂上进行回顾和课堂活动，教师可以在需要的时候提供帮助。微课为观看者提供的一对一的临场感恰似教师亲临，就像教师直接跟学生讲话——这一点是大规模班级授课、拥挤的教室及在线课程所没有的。

### （四）微课的影响

微课对于移动学习来讲是一个有吸引力的备选项，这也是它能在教育领域中取得一席之地的原因。教师在尝试让学生也参与课程作业的布置时，可以尝试将微课作为课程任务发布，学生可以利用任何移动设备来制作微课。这些独立的或者协作的学生项目甚至可以解答课堂上出现的一些问题。随着使用者尝试将卡通式的视觉效果加入微课，动画可能成为一种微课中很普遍的组成元素。最后，微课可能成为一些在线项目中的标准元素，这些项目讲究为达成目标奖励数字勋章或者为完成特定工作提供在线认证。微课能够很容易地被整合于课程之中：一是它能通过多种方式被使用；二是它足够小，能够被用到任何地方。它能够放置于课程网站上作为预告片，让学生在课程开始前提前观看。课前，它能介绍主题，提高意识或者激发好奇心。课后，它可以提供覆盖课程的所有知识点讲解，甚至延伸到拓展部分。活动或者后续下达的任务能够很容易地被嵌入到一节微课中，以便学生能容易地理解所呈现的内容。简洁的形式能够让教师快速地作出修订、调整和根据需要更新课程内容。在某些情况中，这些微课就是可重复利用的资源，特别是那些讲解基本概念的微课，可以被多个课程和多个教师使用。在那些讲解难点的微课中，学生可以在一节课中多次重复观看，在任何有利于促进学习的交互点上。对于希望改变传统授课形式的教育机构和教员们来说，微课提供了一种新的教学方法。[1]

### （五）微课的缺点

微课所要求的这种特别的授课方式并不是所有教师都能习惯的——-在相机前面说话甚至按照提前编好的脚本进行录音。尽管简单的微课录制并不需要很多的准备，也不需要很复杂的设备，无非是智能手机，然而，高级一点的微课，有一些复杂的视觉效果或动画可能需要准备时间长一点或者需要额

1　林洁、陈瑾．中国青年报，2013年1月13日，12版。

外的大学资源。尽管微课有助于增强课堂讨论效果，然而，教师使用时必须能够动态适应新情况。尽管这种动态为在课上实现实际应用和深度讨论提供了机遇，但这样转换常常是很难的。从定义上来讲，微课以短为特色，它在广度、深度和复杂度方面存在不足。同时，因为它是提前录好的，也不能支持临时性的问题。

## 三、微课技能应用方法与要求

### (一)微课内容的设计

1. 微课教学目标的设计

教学目标是指教学活动实施的方向和预期达成的结果，是一切教学活动的出发点和最终归宿。它既与教育目的、培养目标相联系，又不同于教育目的和培养目标。“微课”是指以视频为主要载体，记录教师在课堂教育教学过程中围绕某个知识点或教学环节而开展的精彩的教与学活动全过程。“微课”主要是为了突出课堂教学中某个学科知识点(如教学中的重点、难点、疑点内容)的教学，或是反映课堂中某个教学环节、教学主题的教与学活动，相对于传统一节课要完成的复杂众多的教学内容，“微课”的内容更加精简。“微课”能够为学生提供“自助餐式”的资源，无论是在课程学习中间还是课后的复习，都能帮助学生理解一些关键概念和一些要求掌握的技能。所以，一般微课的教学目标比较单一。

2. 微课教学重点、难点的设计

教学重点是教学内容中最重要、最基本的中心内容，是知识网络中的连接点，是微课程设计教学活动的主要线索，具有贯穿全局、带动整体的作用。教学难点是学生感到难以理解或接受的内容。一般来说，重点不一定是难点，难点也不一定是重点，但有时两者是统一的。微课教学因为时间的限制，知识点单一，重点、难点不宜过多，分别为一个即可。

3. 微课教学方法的设计

古今中外积累的教学方法十分丰富，各种方法都有其优点和局限性。这就要求教师综合考虑各种因素，适当地选择和运用教学方法，以收到优良的教学效果。

⑴考虑教学目标

教学方法的选用，首先要指向教学目标的有效达成。不同的教学目标和教学任务，需要不同的教学方法去实现。

⑵考虑教学内容

不同的教学内容，适合采用不同的教学方法。

⑶考虑学生特点

教学方法的应用一方面要适应学生的年龄特征和个性差异，另一方面要有利于促进学生掌握学习方法。

⑷考虑教师素养

任何教学方法都是“死”的，只有教师能正确、准确和创造性地组织运用，才能成为“活”的教学方法。但是，并不是每一个教师都有能力用好任何一种教学方法。有的方法很好，但教师缺乏必要的素养条件，自己驾驭不了，就不能在教学实践中产生良好的效果。教师的某些特长、某些不足和运用某种方法的实际可能性，都是选用教学方法必须考虑的因素。总之，要扬长避短。

⑷考虑尝试创新

每一位教师都应在恰当选择和运用已有教学方法的基础上，尝试创新出独特的教学方法，进而表现自己的教学艺术和形成自己的教学风格。

4. 微课教学媒体的设计

微课件是指在微课教学过程中所用到的多媒体教学课件等。课件学习活动设计应包括：确定活动的学习目标；设计活动的具体任务；确定学习活动的流程；制定学习活动的规则。其中，活动目标是分层次的，既有低级目标，又有高级目标；活动任务是设计的核心，应该是基于情境的或者基于问题的；活动流程是完成学习活动的顺序和进度；活动规则包括活动的监管规则和评价规则。

5. 微课教学板书的设计

板书是指教师和学生根据教学的需要，在黑板上用文字、图形、线条、符号等再现和突出教学重要内容的活动。板书设计主要是根据教学内容，选择关键词句，按一定的逻辑关系和逻辑结构方式组成一个有机联系的板书整体的过程。无论是常规教学，还是微课，板书都是必需的。但是，微课和常规教学的板书还是有很大的区别。由于知识点单一、时间短暂，要想真正起到对内容要点的提示作用，板书必须简单明了。

6. 微课教学过程的设计

微课内容少而精，“微课”的问题聚集，主题突出，强调解决现实问题，一般为某一个知识点或一节课内容的某一个方面。它不在乎教学环节的完整性，但整体上仍应包括引入课题、内容讲授和总结三个步骤。

7. 微课教学反思的设计

所谓“微课”教学反思，是指教师对教育教学实践的再认识、再思考，并以此来总结经验教训，进一步提高教育教学水平。

**(二)微课选题的技巧及要求**

1. 选题切忌贪大求全

最容易出现的问题就是选择的题目过大，如“物理课中力的教学”、“古典诗词中意象的使用”。出现这类问题的原因，一是有些教师误以为选题就是确定一个归属的范围，以为既然自己研究的问题属于自身学科，就可以定为关于某个学科概念的学习；二是酝酿得还不够成熟，没有把问题找准，只想了一个“大概齐”。问题找准了，就可以“以小见大”、“小题大做”。

2. 选题切忌好高骛远

一种是忽略了自身条件的限制，如某位小学语文教师要把一种修辞方法在初中高中学段的用处讲完。另一种是需要长期努力才能完成的研究任务，缺项安排在一节微课中急于完成。例如，乱世中的美神——李清照专题，显然不可能在一节微课中实现。我们可以把它制作成一个微课系列，如梦少女篇、甜蜜少妇篇和身世飘零篇等。

3. 选题切忌华而不实

这主要是体现在一节课下来看上去挺热闹，学生却无所获。教师讲得情思飞扬，自我陶醉，学生却体会不了教师的深情感触，只能望而生畏，敬而远之，兴味索然。

4. 选题切忌粗制滥造

在进行微课选题时，一定要细心斟酌，步步为营，选择什么课题能更好地凸显自己的特长，哪个知识点是学生容易混淆的，我们怎么讲解才能讲深讲透，用什么方法能更好地突出它，这些问题都需要细心谨慎地应对。

## 四、微课技能案例示范

**【案例】《我有一个梦想》微型课教案**

一、教学目标

学会运用比喻、排比等修辞手法；

揣摩重要词句，结合文体特点与语境辨析；

品味语言的深层含义和表达作用，提高理解能力。

二、教学重难点

重点：比喻、排比等修辞手法的运用。

难点：揣摩重点语段中词语的深层含义及强烈的感情色彩。

三、教学时数：15分钟

四、教学过程

(一) 导入

这篇演讲词也是中外演讲史上文采斐然的篇章之一。作者运用多种修辞手法，几乎每一段都有大量形象的比喻。华丽的词句，典雅的语言，为演讲锦上添花。文中还大量运用了排比、反复等修辞手法，使作者的思想表达得更充分、更鲜明，有着排山倒海的气势，增强了作品的感染力和表达效果。上节课，我们对作者、文章的背景及写作思路有了初步了解。这节课，对重点段落的分析，将有助于我们品味这篇文章优美的语言。

(二) 分析

找出文中第一自然段中的比喻，并回答比喻的本体是什么。

明确："灯塔的光芒"、"欢乐的黎明"；本体是《解放黑奴宣言》。

2. 找出文中第二自然段用了什么修辞手法？它们是从哪些方面揭示美国黑人的生活处境？

明确：运用了比喻和排比。揭示了黑人物质生活穷困，精神备受歧视，没有安全感和归宿感的悲惨现实。

3. 提问：文中第五自然段中的"空头支票"是指什么？这样表达有什么

效果?

明确：本句用了比喻的修辞手法，把美国政府比作支票的签字者，而把美国公民比作支票的合法继承人。“空头支票”指的就是政府违背诺言，对有色人种拒付支票。这样就撕破了政府的虚伪外衣，让听众明白他们和政府之间的关系，促使听众放弃幻想，更加清醒、警觉地投入战斗。

4. 提问：文中第六自然段中的“秋天”与“酷暑”分别指代什么？又揭示了什么？

明确：本句同样使用了比喻的修辞手法，把黑人为自由、平等而奋斗所到来的那一天比作秋天，这样就能把黑人为之奋斗的最终结果的感受生动而直观地传达给听众，使听众明白他们的奋斗所得到的结果是什么，从而促使他们更自觉地去战斗。和“秋天”形成对比的则为“酷暑”，一个“酷暑”生动而简洁地揭示出黑人备受摧残的生活现状，表现出黑人为“秋天”的到来而战的迫切性和必要性。

5. 提问：文中第二十六自然段中的“这个信念”具体指什么？“交响曲”有什么特点？用在这里有什么深刻含义？（简单介绍西洋交响乐分为管乐、弦乐和弹拨乐，管乐又包括小号、圆号、长号、大号、短笛、长笛、单簧管、双簧管等，弦乐又包括小提琴、中提琴、大提琴等，弹拨乐包括竖琴）

明确：联系上下文，不难看出“这个信念”当指前文的梦想，即自由、民主、平等的那一天，一定能够到来。正是有了这样一种信念，他们才具有了拼搏奋斗的源泉。所谓“交响曲”是一种大型管弦乐套曲，既然有管乐，又有弦乐，自然少不了合奏与“交响”。作者把它用到这儿，可谓匠心独运，恰到好处，因为它恰如其分地展现了黑人运动取得最终胜利后和白人一样共享美好生活的和谐而又优美的画面。

(三)总结

通过以上的分析，不难发现比喻的最大特点是形象生动。作者运用了大量的比喻，形象生动地抒发了他的感情。同学们也都知道排比的最大特点是增强语势，本文也运用了大量的排比。请同学们课下把文中的排比句或排比段找出来，仔细品读，体会排比的气势。

（四）板书设计

我有一个梦想

马丁·路德·金

艺术特色：比喻——形象生动

灯塔、黎明；秋天、酷暑

孤岛、流亡者；信念、交响曲

## 五、微课技能实战演练

**（一）微课技能训练目标**

1. 通过学习，了解微课的设计和制作，使学生能根据教学目标和教学实际设计微课的教学内容，能遵循微课的基本要求制作完整的微课。

2. 学生通过备课、试教、互评等实践活动，掌握微课的设计和制作技能。

**（二）训练程序**

1. 学习微课需求分析和选题的相关理论。

2. 学习微课教案编写方法。

3. 学生进行微课有关设计、教案编写和上课的模拟练习。

4. 学生操练与反馈。同学或指导小组作出评价，提出改进意见，然后进行自我分析，再修改与练习。

**（三）训练过程**

1. 需求分析和选题

首先分析为什么要制作这个微课？该微课程的目标是什么？这个微课要解决什么问题？讲什么？内容的确定（知识点的切割）讲给谁听？听众有什么特点？听众的基础如何？听众应掌握哪些先前知识？“微课”主要针对某一知识点展开教学，所以，在“微课”的选题上不宜选择较多的知识点，而应该主要致力于将某个知识点讲清楚。

2. 教案编写

“微课”不仅仅是一段视频，它还包括教案、教学课件等其他资源要素。

所以，在选好题后，可以着手教案的编写。教案编写一般包括教学背景、教学目标、教学方法和教学总结等方面内容。首先，明确学习目标。比如，发声训练微课程，目的就是让听众在短时间内掌握发声原理。其次，明确传输形式。比如人头秀、录屏、实景等，是否有主讲者形象？是否要听众？我们选择讲授实景拍摄，有学生、教师和多媒体相结合。最后，就是活动与练习环节。整个微课程教师讲授和穿插教师指导练习，如何正确发声，让教师亲自指导学生做发声练习。

3. 教学内容(课程核心内容)的确定和设计

微课核心概念设计是微课建设的主体，也是教学设计的重要组成部分。微课的特点决定着授课者要根据所教专业的特点选取相对独立、完整、实用性强、能促使学习者深度学习、思考的短小精悍的微问题。学习者并非都是正式的学习，自觉性学习者对众多的视频，往往只凭一个感兴趣的话题而驻足浏览。因此，好的核心内容还应定一个好的标题。

在实际教学过程中，由于教学目的、教学内容不同，教学模式也各不相同。授课者要对教学内容、教学方法进行合理组织，有针对性地设计出最佳的教学模式进行教学。首先，要设计好导语。导语的作用是提示问题的核心，引发学习者兴趣。导语的设计要简洁明了，巧设悬疑、引出核心问题的同时，提高学习者的求知兴趣。文史类课程，国内外发生的重大事件、家庭伦理或身边的生活琐事等，都是引出主题吸引学习者的话题。理工科类的课程，则宜直入主题，提出问题的关键。一节好的微课课堂教学，就如一篇精彩的文章：形式上龙头猪肚凤尾，起承转合环环相扣，步步深入，内容丰富厚实，或旁征博引或层层剖析，抓重点，抓关键，解难题，对核心内容进行透彻的讲析，并针对不同的教学内容、设计运用不同的表现形式(如文字、图形、图像、实物展示、动画、音频及视频等)，以最直观的方式给学习者展示学习内容，以帮助学习者对概念的理解，学有所得，提高教学效率。因学习者驻留时间普遍不能太长，授课者可视问题的复杂与简单适当调节时间，以在最短的时间内把问题讲清为度。结语是对课程核心内容的总结，以加深学习者的印象，更是引发学习者思考、激发学习者探究心理，以进一步拓展学习、探讨相关问题的迁移学习，虽寥寥数语，但不可忽视。

4. 视频内容呈现的设计

微课的核心内容是课堂教学视频，有摄像机 + 白板、屏幕录制软件 +PPT、屏幕录制软件 + 手写板 + 画图工具、手机 + 白纸等制作方法。授课者有的出现在视频中，有的干脆就只有屏幕中课程内容的演示。但无论是何种方法制作，都要重视视频的制作质量。主讲教师在设计教学过程时，应做好分镜头的设计及编写，考虑授课时 PPT、音频、视频、动画等切合授课的内容何时呈现、如何呈现。同时，要考虑整个视频画面协调性及布局的合理性。PPT 的设计风格大体一致，文字内容与背景颜色反差应大些，以方便观看与拍摄。如果授课者出现，着装要大方得体，不宜过于花哨，以免喧宾夺主。

5. 准备教学素材和练习测试

根据选题内容，准备相应的教学素材和“微习题”。

6. 课件制作

在准备课件的过程中，首先要构想原型设计，先制作一个脚本，构想出效果。然后，准备好全部素材。比如，制作二维、三维的发声过程中气息运行动画图，让学生一看到动画就明白气息从人口到发声的整个运行过程。最后，评估效果是否符合预期。“微课”的课件通常采用 PPT 格式，针对选定的知识点设计 PPT。一段好的“微课”，课件很重要。对于课件的制作要求，这里不过多叙述。课件制作应尽量简洁明了，不要有过多冗长的文字。

# 参 考 文 献


1. 杜和戎 . 讲授学［M］. 北京：华语教学出版社，2007.P33–41.

2. 颜赵娟 . “放手” 催生灵动课堂 . 中学语文 · 教师版［J］.2007.6.

3. 苏霍姆林斯基 . 给教师的一百条建议［M］. 教育科学出版社，2002.4.

4. 欧阳芬 . 新课程下中小学教师课堂提问技能指导［M］. 世界图书出版社，2008.P192.

5. 何齐忠 . 现代外国教育理论流派述评［M］. 南昌：江西高校出版社，2006.6.

6. 张育青 . 高中教师课堂管理观念和管理方式的现状分析与研究［D］. 上海：华东师范大学，2002.12–13.

7. 朱芒芒 . 有效的教学技能：教学问题诊断与技能提高［M］. 吉林大学出版社 .

8. 梁梦园 . 课堂突发事件 .［DB/OL］http://blog.stnn.cc/ymeng/Efp_Bl_10.

9. 巴班斯基著，赵维贤译 . 教学教育过程最优化——方法学原理［M］. 北京：人民教育出版社，1985.

10. 吴红梅 . 高中语文课的拓展艺术 . 语文教改先锋［J］.2007.9.

11.[ 瑞士 ] 皮亚杰著，卢睿选译 . 皮亚杰教育论著选［M］北京：人民教育出版社，1990.

12. 施良方，崔允漷 . 教学理论：课堂教学的原理、策略与研究［J］. 上海：华东师范大学出版社，1999.P192.

13. 欧阳芬，赵卫胜 . 农村课堂教学诊断［M］. 吉林大学出版社，2006.7.P201—203.

14. 王钢等译 . 布卢姆掌握学习论文集［C］. 福建：福建教育出版社，1986.

# 后 记

近些年来，我一直关注国家基础教育课程改革的进展状况，对于教师教育以及教学方法的改革有些自己的想法，又出版过一些关于中小学教师教学技能方面的书。这次承蒙出版社的邀请，要我写一本有关中小学教师教育教学技能的理念与实践方面的书，我爽快地答应了，以此对近年来的一些思考再做一个综合，形之成文，书稿付梓。

本书理论上综合引用了一些国内外最新的研究成果，案例都尽量采用最鲜活的教学实例，反映了当前一线教师在新课程改革中的新的成果。同时，在实践应用方面作了诸多的探索。因此，本书对于有志于提高自身教育素质，渴望进一步提升教学技能的教师来说，有较大的参考价值。

本书由一些富有实践经验中小学骨干教师和理论热情的专业教育硕士参与编写，具体分工如下：欧阳芬负责第三、九、十章；艾安丽负责第十一章；赵凌负责第五、六章；韩再超负责第二章；杨朝青负责第四章；张冰负责第七章；吴雨晗负责第八章；徐斌辉负责第一章；徐斌辉、邓丽华负责第十二章。全书由艾安丽和赵凌统稿。

在本书的写作过程中，我们广泛参考并吸收了许多国内外的有关研究资料和成果，借此机会向作者表示深深的感谢。这些资料，我们已在注释和参考文献中作了说明，但也可能会有一些遗漏现象。同时，书中肯定还会存在一些其他的缺点和问题，恳请广大读者提出意见，以便我们将来修订时改正和完善。还有一些为本书付出辛勤劳动的编辑人员，在此一并表示诚挚的谢意！

欧阳芬

2014年5月18日于庐山花园寓所